中国国家汉办重点规划教材

PEP UP YOUR CHINESE
成长汉语

《成长汉语》编写组 编

3

北京语言大学出版社
BEIJING LANGUAGE AND CULTURE
UNIVERSITY PRESS

图书在版编目（CIP）数据

成长汉语·第3册 /《成长汉语》编写组编. — 北京：北京语言大学出版社，2011重印
　　ISBN 978-7-5619-3085-4

　Ⅰ. ①成… Ⅱ. ①成… Ⅲ. ①汉语－对外汉语教学－教材 Ⅳ. ①H195.4

中国版本图书馆CIP数据核字（2011）第151168号

书　　　名：	成长汉语·第3册
英文翻译：	孙玉婷
责任印制：	汪学发

出版发行：**北京语言大学出版社**

社　　址：北京市海淀区学院路15号　邮政编码：100083
网　　址：www.blcup.com
电　　话：发行部　010-82303650/3591/3651
　　　　　编辑部　010-82303647/3592
　　　　　读者服务部　010-82303653/3908
　　　　　网上订购电话　010-82303668
　　　　　客户服务信箱　service@blcup.net

印　　刷：北京画中画印刷有限公司
经　　销：全国新华书店

版　　次：2011年9月第1版　2011年11月第2次印刷
开　　本：889毫米×1194毫米　1/16　印张：10.25
字　　数：156千字　印数：5001－8000册
书　　号：ISBN 978-7-5619-3085-4 / H·11129
定　　价：68.00元

凡有印装质量问题，本社负责调换。电话：010-82303590

Pep up Your Chinese 3
Executive Editor　Zhou Li

Published & Distributed by
Beijing Language & Culture University Press
No.15 Xueyuan Road, Haidian District, Beijing, China 100083

First published in September 2011
Second impression in November 2011
Copyright © 2011 Beijing Language & Culture University Press
Website: www.blcup.com

《成长汉语》编写组
Compilation Committee

顾　问：刘　珣

主　编：张世义

副主编：张洪志　李亚杰

编写者：陈　昱　姜洪志

Adviser: *Liu Xun*

Chief Compiler: *Zhang Shiyi*

Deputy Chief Compilers: *Zhang Hongzhi, Li Yajie*

Compilers: *Chen Yu, Jiang Hongzhi*

Contents 目录

使用说明	Introduction	I
词类表	List of Parts of Speech	V
主要人物介绍	Introduction to the Main Characters	VI

第六单元 Unit 6

第三十一课 Lesson 31	这次我想再仔细看一遍 I'd like to look at it carefully again this time	2
第三十二课 Lesson 32	我们都打扫了两个小时了 We've been doing the cleaning for two hours	13
第三十三课 Lesson 33	我们只比你早一点儿 We are just a little bit earlier than you	27
第三十四课 Lesson 34	天气一天比一天冷 It's getting colder and colder day by day	40
第三十五课 Lesson 35	我的成绩不如玛丽好 My grade is not as good as Mary's	51

第七单元 Unit 7

第三十六课 Lesson 36	你是第一次来中国吗 Is this your first visit to China	64
第三十七课 Lesson 37	树上的叶子都红了 The tree leaves are all turning red	78
第三十八课 Lesson 38	今天的比赛一定精彩得很 The match today must be wonderful	89
第三十九课 Lesson 39	我的自行车被偷走了 My bike is stolen	100
第四十课 Lesson 40	信给退回来了 The letter was sent back	112

生词总表	Vocabulary	125
录音文本	Listening Scripts	142

使用说明

《成长汉语》是一套针对母语非汉语的中学生编写的零起点汉语教材。

本套教材包括课本四册,共九个单元。第一单元为语音单元,共10课。第二至第九单元,每单元5课。全套教材共50课,每册附赠录音MP3一张,第一册另配有汉字练习本一册。

本套教材充分考虑到中学生的学习和心理特点,坚持循序渐进的教学原则。四册书分为四个阶段,在全面培养学生听、说、读、写四项技能的同时,更加强调综合运用语言的能力,让学生在每一阶段都能用汉语进行实际的交流,获得成就感,增加学习的积极性和主动性。

第一册 由三个单元组成,共20课。其中第一单元10课,以语音教学为主,兼顾汉字教学;第二、三单元各5课。每课4课时,每课时40分钟。学完本册书,学生可掌握大约400个词语。

第二册 由两个单元组成,每个单元5课,全书共10课。每课6课时,每课时40分钟。学完本册书,学生可掌握大约350个词语。

第三册 由两个单元组成,每个单元5课,全书共10课。每课6~8课时,每课时40分钟。学完本册书,学生可掌握大约400个词语。

第四册 由两个单元组成,每个单元5课,全书共10课。每课8课时,每课时40分钟。学完本册书,学生可掌握大约450个词语。

本套教材的体例为:语音、汉字、课文、生词、练习。

语音 本教材第一单元为语音单元。第一课为汉语拼音方案,包括21个声母、36个韵母以及4个声调。第二至第九课,每课都有容易混淆的声母和韵母以及各种语音现象的操练。第十课为复习课。

语音是第一单元的教学重点,但是语音教学应该贯穿教学的始终。在后面的语音教学中,要特别强调音节在词和句子中的语音变化,训练学生掌握句子的重音和停顿。

汉字 汉字是初级汉语学习者的一个学习重点,第一册配有专门的汉字练习本。

汉字教学要注意基本笔画和笔顺,训练学生掌握构成汉字的基本部件的写法。在学习初期教师要进行示范,使学生掌握良好的汉字书写习惯。也可多做一些分拆合体字的练习,帮助学生尽快掌握汉字的基本结构。

课文 本教材的课文均采用对话的形式。内容围绕中学生生活、学习的方方面面以及他们所关心的话题展开，通过几个在中国留学的小留学生的生活、学习，以及与中国朋友的交往展示他们的校园和日常生活。语言力求简单直接、生动活泼，符合中学生说话的特点。

课文教学应该在语法教学的基础上进行，在课堂上通过听读、跟读、朗读、背读、分角色背说等教学环节，让学生真实地感受语言的使用环境，培养学生运用汉语进行交际的能力。

生词 本教材生词共1600个左右，以汉语水平考试词汇大纲中的甲、乙级词为主。每课词汇量随学生程度的提高逐渐增多。每课补充生词为本课练习中出现的生词，只列出汉字和拼音，词性和英文注释可在书后的生词总表中查找。对补充生词的要求视学生接受程度而定，最低要求能够认读。

生词教学必须放在具体的言语环境中，通过大量的讲练，使学生了解、掌握词语的意义、用法和使用条件，以达到熟练运用的目的。

练习 考虑到学生的年龄特点、第二语言习得的规律，在练习的设计上突出生动性和全面性，通过大量机械性、半机械性，以及交际性和任务式练习，达到复习巩固本课词语、语法和句型的目的，提高学生运用汉语完成交际任务的能力。

每单元练习还附有一两首唐诗，教学要求视学生接受程度而定。

从第二册开始，每课练习中有一段难易程度适宜的阅读短文，选取与学生生活密切相关或学生们关心的话题内容，同时也选取了一些介绍中国文化习俗和风土人情的文章。

教学提示

我们主张"生词—句子—课文"的教学方法。进行语法教学时，尽量以汉语进行教学，通过图片、动作等生动直观的方式解释语法点，让学生首先理解意义和使用条件，掌握基本结构，然后通过大量的操练达到熟练掌握的目的。对于生词，在句型操练和课文学习中达到理解、记忆、会用的目的。

此外，我们为使用本套教材的教师免费提供丰富的网络资源支持，诸如每一课的教学重点、语法注释、教学建议、练习参考答案等相关资料。教师可登录北京语言大学出版社网站（www.blcup.com）《成长汉语》专区免费下载。

Introduction

The series of *Pep up Your Chinese* is intended for secondary school students who are non-native Chinese speakers without any learning experience of Chinese.

Altogether there are nine units in four volumes. Unit 1 introduces Chinese pronunciation in ten lessons; from Unit 2 to Unit 9, there are five lessons in each unit. The whole series has 50 lessons. Each volume is accompanied by a free MP3 CD, and Volume One has an extra workbook of Chinese characters.

Adopting a progressive teaching principle, the series gives a full consideration to the learning and psychological characteristics of secondary school students. While giving a comprehensive training of the four skills of listening, speaking, reading and writing, it puts more emphasis on improving students' integrated use of the language. The four volumes present learning of Chinese in four stages. In each stage, students will be able to apply what they've learned in real communication, which will give them a sense of accomplishment, and fully arouse their interest and initiative in learning Chinese.

Volume One has 20 lessons in three units. Unit 1, consisting of 10 lessons, mainly teaches pronunciation and some Chinese characters. There are five lessons in Unit 2 and Unit 3 respectively. Four class hours (with 40 minutes for each) are needed for each lesson. Upon finishing this volume, students will master about 400 words.

Volume Two has 10 lessons in two units, with five lessons in each unit. Six class hours (with 40 minutes for each) are needed for each lesson. Upon finishing this volume, students will master about 350 words.

Volume Three has 10 lessons in two units, with five lessons in each unit. Six to eight class hours (with 40 minutes for each) are needed for each lesson. Upon finishing this volume, students will master about 400 words.

Volume Four has 10 lessons in two units, with five lessons in each unit. Eight class hours (with 40 minutes for each) are needed for each lesson. Upon finishing this volume, students will master about 450 words.

Each lesson is consisted of the following parts: Pronunciation, Chinese Characters, Text, New Words and Exercises.

Pronunciation: Unit 1 teaches Chinese pronunciation. Lesson 1 introduces the *Scheme of the Chinese Phonetic Alphabets*, including 21 initials, 36 finals and 4 tones. From Lesson 2 to Lesson 9, there are initial and final discrimination and drills of a variety of phonetic patterns. Lesson 10 is a review lesson.

Although pronunciation is the focus of Unit 1, it should be taught through the whole process of teaching. In later stage of pronunciation teaching, special attention should be given to the phonetic changes of syllables in words and sentences, and training should be conducted to help students to grasp stresses and pauses in sentences.

Chinese Characters: Chinese characters are of importance in Chinese learning for beginners. Volume One is accompanied by a workbook of Chinese characters.

Basic strokes and stroke orders should be the emphasis when teaching Chinese characters. Practice is needed to help students master the ways of writing basic components of Chinese characters.

Demonstration is needed at the beginning stage to help cultivate students' habit of writing Chinese characters in a correct way. Practice of decomposing compound characters are recommended to help students master the basic structure of Chinese characters within a short period of time.

Text: All the texts are presented in the form of dialogues, centering on topics that secondary school students are interested in, such as their daily life, study, etc. The dialogues are conducted among several young foreign students studying in China who talk about their life, study and their Chinese friends. The language used is simple, easy and vivid, which appeals to secondary school students.

Teaching of the texts should be based on the teaching of grammar. Through listening and reading, reading after the teacher, reading aloud, reciting, and role-playing, students will effectively improve their skills to communicate in Chinese in a favorable language environment.

New Words: There are altogether about 1600 new words in the series. Most of these words are of Level A and Level B characters according to *HSK Guidelines for Chinese Words and Characters*. The number of vocabulary presented in each lesson increases along with the improvement of students' competency. Supplementary new words are the new words from exercises. For these words, only the characters and their *pinyin* are listed. Their parts of speech and English annotations can be found in Vocabulary at the back of the textbook. The requirement for students' mastery of these words should be flexible, with minimum requirement of their being able to recognize and read them.

New words should be taught in specific linguistic contexts. Detailed explanations and a large volume of practice are necessary for students to master the meaning and usage of the words.

Exercises: Taking students' characteristics and the rules of second language acquisition into consideration, we highlight vividness and comprehensiveness in the design of exercises. Through a large amount of mechanic and half-mechanic drills and communicative and task-based exercises, students will be able to consolidate the learning of the words and expressions, grammar, and sentence patterns in each lesson to complete communicative tasks in Chinese.

One or two Chinese poems of the Tang Dynasty are presented with flexible requirement for students' mastery.

Starting from Volume Two, there is a reading passage with proper readability in each lesson. The topics of the passages are closely related to students' life and cover Chinese culture, customs and traditions.

Teaching Tips

We recommend a teaching method of "new words – sentences – texts". While teaching grammar, try to use Chinese as the teaching language as much as possible. Explain grammatical points in vivid and direct methods by using pictures and actions. Help students understand the meaning and prerequisites first, then grasp the basic structures, and finally achieve mastery through a large amount of drills. As for the new words, students will get to understand and memorize them and know how to use them through pattern drills and text learning.

Besides, we also provide on the Internet rich teaching resources free of charge for teachers, such as teaching focuses, grammar annotation, teaching suggestions and answer keys to exercises of each lesson, etc. The teachers can login on the *Pep up Your Chinese* section on the website of Beijing Language and Culture University Press (www.blcup.com) to download the free teaching materials.

词类表

List of Parts of Speech

名词	míngcí	名	*noun*
代词	dàicí	代	*pronoun*
动词	dòngcí	动	*verb*
助动词	zhùdòngcí	助动	*auxiliary verb*
形容词	xíngróngcí	形	*adjective*
数词	shùcí	数	*numeral*
量词	liàngcí	量	*measure word*
副词	fùcí	副	*adverb*
介词	jiècí	介	*preposition*
连词	liáncí	连	*conjunction*
助词	zhùcí	助	*particle*
叹词	tàncí	叹	*interjection*
拟声词	nǐshēngcí	拟声	*onomatopoeia*
词头	cítóu	头	*prefix*
词尾	cíwěi	尾	*suffix*

主要人物介绍 Introduction to the Main Characters

朴龙宇（男）
韩国人，15岁

Piao Longyu (male) , Korean, aged 15

金美英（女）
韩国人，14岁

Jin Meiying (female) , Korean, aged 14

杰克（男）
美国人，15岁

Jack (male) , American, aged 15

珍妮（女）
美国人，13岁

Jenny (female) , American, aged 13

王刚（男）
中国人，14岁

Wang Gang (male) , Chinese, aged 14

李玉（女）
中国人，14岁

Li Yu (female) , Chinese, aged 14

丁老师（男）
中国人，53岁

Teacher Ding (male) , Chinese, aged 53

王老师（女）
中国人，39岁

Teacher Wang (female) , Chinese, aged 39

UNIT 6

第六单元

Lesson 31

这次我想再仔细看一遍
zhè cì wǒ xiǎng zài zǐxì kàn yí biàn

课文 kèwén

---- 在宿舍 In the dormitory ----

珍妮：美英，你知道吗？咱们班来了一位新同学。

金美英：不可能！这学期都过了一半了，怎么会有新同学呢？

珍妮：真的！我今天去王老师办公室时看见她了。

金美英：是吗？她长什么样子啊？

珍妮：个子高高的，头发长长的，特漂亮。

金美英：是不是穿着一件灰色的运动服、戴着一顶白色的帽子？

珍妮：是啊，你怎么知道的？

金美英：她是我的一个中国朋友，不是新同学。

珍妮：噢！是这么回事儿啊！我还以为她是新同学呢！

在自然博物馆 At the Museum of Natural History

金美英：王红，我给你介绍一下，这是珍妮，我的同学。

王　红：你好！我叫王红，红色的红。很高兴认识你。

珍　妮：我也很高兴认识你。你怎么也跟我们一起来了啊？

王　红：我对大自然特别感兴趣，前几天听说你们有这次活动……

金美英：所以那天她特意去办公室找王老师商量了一下，就跟我们一块儿来了。

丁老师：同学们，请大家保持安静，不要大声说话，认真听讲解。

朴龙宇：杰克，你看，这棵树好奇怪啊！

杰　克：哈哈，这不是树。

朴龙宇：你怎么知道？

杰　克：我刚到北京时，和爸爸一块儿来过一回。

朴龙宇：既然你来过一次，怎么还来？

Lesson 31　第三十一课

杰　克：上次时间紧，没来得及全看，这次我想再仔细看
　　　　一遍。

朴龙宇：不跟你聊了，我得好好儿听讲解了。

生词 shēngcí   New Words

1	仔细	形	zǐxì	careful
2	遍	量	biàn	time (a measure word for actions, denoting an action from beginning to end)
3	学期	名	xuéqī	semester
4	一半	数	yíbàn	half
5	样子	名	yàngzi	appearance, look
6	头发	名	tóufa	hair
7	灰色	名	huīsè	grey
8	运动服	名	yùndòngfú	sportswear
9	戴	动	dài	to wear
10	顶	量	dǐng	a measure word for something that has a top
11	白色	名	báisè	white
12	帽子	名	màozi	hat
13	噢	叹	ō	an interjection used to indicate understanding
14	回	量	huí	a measure word used to indicate number of occurrence
15	以为	动	yǐwéi	to think
16	自然	名	zìrán	nature
17	特意	副	tèyì	for a special purpose
18	保持	动	bǎochí	to keep
19	大声		dà shēng	aloud
20	认真	形	rènzhēn	attentive
21	讲解	动	jiǎngjiě	to explain
22	棵	量	kē	a measure word for plants
23	树	名	shù	tree
24	奇怪	形	qíguài	strange

㉕	哈哈	拟声	hāhā	an onomatopoeia used to describe laughter
㉖	紧	形	jǐn	pressed (for time)
㉗	聊	动	liáo	to chat
㉘	好好儿	副	hǎohāor	to try one's best

专有名词 zhuānyǒu míngcí — Proper Noun

自然博物馆　　Zìrán Bówùguǎn　　Museum of Natural History

练习 liànxí

补充生词 Supplementary New Words

shǒubiǎo	yǎnjìng	xiàngliàn	zhōngyú	jiǎnchá
手表	眼镜	项链	终于	检查
xiǎoshuō	láilì	jiānglái		
小说	来历	将来		

一 读一读，连一连 Read and match

戴　　　　　帽子

　　　　　　衣服

　　　　　　裙子

　　　　　　围巾

　　　　　　羽绒服

　　　　　　手表

穿　　　　　眼镜

　　　　　　项链

　　　　　　裤子

　　　　　　鞋

Lesson 31　第三十一课

二 选词填空 Fill in the blanks with the right words

1 下　次　遍　回

王　红：老师好！请问丁老师是在这个办公室吗？

王老师：对，不过他去教室了，你等他一_____吧。

王　红：好的，谢谢老师。

王老师：上午你是不是已经来过一_____了？

王　红：嗯，从昨天到今天我一共来了三_____了，可是每次丁老师都在上课，真是不巧！

王老师：你来的时间不对。上午丁老师都有课，下午他有空儿。对了，你找他有什么事儿吗？

王　红：听说外国学生要去动物园，我想跟他们一块儿再去一_____。

王老师：你都看过一_____了，为什么还要去啊？

王　红：我特别喜欢动物。

2 过　特意　以为　样子　保持　奇怪　好好儿　棵

① 我_____他是翻译呢，谁知道他却是老师。

② 你这人真_____，别人都是早上打太极拳，你却晚上打。

③ 杰克，你有空儿的话就去医院_____化验一下，看看是怎么回事儿。

④ 李玉也忘了那位出租车司机长什么_____了。

⑤ 虽然他已经去过很多次长城了，但是听说我们想去看看，他还是_____陪我们去了一次。

⑥ 小时候，我家门口有很多_____苹果树。

⑦ 真是太高兴了，再_____一个月我就可以回国见爸爸妈妈了。

⑧ 上学的时候，他一直_____着早睡早起的好习惯。

三 看图说话 Talk about the pictures

用上所给词语的重叠形式 Use the reduplicative form of the given words

高兴　漂亮　辣　早　马虎　帅　仔细　认真

❶ 昨天我看见她男朋友了，长得帅帅的。

❷ 听了爸爸的话以后，儿子终于_____地骑车上学去了。

❸ 每次考试以前，李玉都会_____地准备好多天。

❹ 你再这么_____的，恐怕再过一年也考不好。

❺ 我感冒的时候比较喜欢吃韩国菜，_____的，一出汗感冒就好了一半。

❻ 在中国的公园里，你经常能看见_____起床的老年人，他们都在打太极拳。

❼ 你别着急，细心一点儿，再_____地检查一遍。

❽ 刚学习写字的时候要慢慢写，才能写得_____的。

四 组句 Arrange the words or phrases into sentences

❶ 你和你家人　都　哪些　去过　这几年　地方

_____

❷ 你　一遍　我写的　吗　再读　不想　小说

_____

❸ 妈妈告诉孩子　等　好好儿　妈妈回来　玩儿　在这儿

_____

❹ 杰克　红红的　看了看　仔仔细细地　拿着那个　苹果

_____

❺ 我们　以为　一直　大家　跳舞了　你去

_____

五 听一听，选一选 Listen to the dialogues and choose the correct answers 🎧

❶ A 他可能会来学校　　　B 他可能不会来学校
　 C 女的要去学校了　　　D 男的要去学校了

❷ A 你还是来吧　　　　　B 你一定不要来
　 C 来不来不重要　　　　D 明天的事很重要

❸ A 杰克学得不太好　　　B 杰克学得好极了
　 C 我没什么说的　　　　D 我说得不太好

❹ A 去动物园坐车很难　　B 周末去动物园很难
　 C 不太想再去动物园　　D 想去，不过很难去

❺ A 真不太了解　　　　　B 一定也不行
　 C 不一定不行　　　　　D 挺不好找的

六 填空，每个空格一个汉字 Fill in each blank with a Chinese character

爸爸的书房里放了很多书，一_____是法律的，另一_____是历史的。爸爸总是鼓_____我多看书，特别是要仔_____看那些历史书。爸爸经常去国外出差，所以我也_____爸爸一块儿去过很多国家。每到一个国家，爸爸都会_____意带我去博物_____参观，而且会认_____地给我_____解每件东西的来历。看着爸爸的_____子，我想将来我也要成为像爸爸一_____有知识的人。

七 活动 Activities

❶ 介绍自己喜欢的一种动物，让其他同学猜一猜。

Please describe one of the animals you like to your classmates and let them guess what animal it is.

❷ 组织学生参观博物馆或观看介绍博物馆的DVD，要求学生记录看到的动物、植物等，然后以《博物馆的一天》为题，写一篇200字左右的小短文。

Visit a museum or watch a DVD introducing a museum. Ask students to record the animals and plants they see there, and write a short essay of about 200 Chinese characters under the title of "A Day in the Museum".

参考词语   Words for reference：
次、遍、回、大大的、清清楚楚、高高兴兴、认认真真、既然……就……

博物馆的一天

补充阅读
Supplementary Reading

球场上的无私者

在回家的路上，一个足球教练正和他的儿子谈论着下午的比赛。"在今天的比赛中，只要有一名好的中后卫，我们就不会输掉这场比赛了。"父亲伤心地说。"爸爸，您不要难过，等我长大了，我做你的中后卫！"儿子懂事地安慰父亲说，"但是，爸爸，什么是中后卫呢？""儿子，"父亲回答道，"中后卫就是，他只专心做属于他的工作，至于谁会因为进球或者帮助进球而获得好评，完全和他没有关系。"

可惜的是，无论是在球场上还是在生活中，这个位置都特别缺人。

生词 shēngcí

wúsīzhě 无私者	jiàoliàn 教练	tánlùn 谈论	zhōng-hòuwèi 中后卫	shūdiào 输掉	nánguò 难过
zhǎngdà 长大	dǒngshì 懂事	ānwèi 安慰	zhuānxīn 专心	shǔyú 属于	zhìyú 至于
huòdé 获得	hǎopíng 好评	kěxī 可惜	wúlùn……, háishi……, dōu…… 无论……，还是……，都……		
wèizhì 位置	quē 缺				

1 根据文章内容，选择正确的答案
Choose the right answers based on the reading passage

❶ 父亲为什么会伤心？

A 因为没有中后卫　　B 因为输掉了比赛

C 因为需要中后卫　　D 因为中后卫太差

❷ "难过"可能是什么意思？

A 伤心　　B 安慰

C 高兴　　D 懂事

❸ 中后卫是什么样的人？

A 因为进球获得好评　　B 因为帮助进球获得好评

C 只做自己的工作　　D 和进球没有关系

2 根据文章内容，回答下面的问题
Answer the following questions based on the reading passage

❶ 父亲做什么工作？

❷ 儿子是怎么安慰父亲的？

❸ 什么事令人忧虑？

Lesson 32

我们都打扫了两个小时了
wǒ men dōu dǎ sǎo le liǎng ge xiǎo shí le

课文 kèwén

---- 星期六早上，在宿舍 On Saturday morning and in the dormitory ----

金美英：珍妮，我觉得宿舍太脏了。

珍妮：是啊，我们已经一个星期没有打扫了。

金美英：趁今天休息，我们好好儿打扫一下吧！

珍妮：好啊，咱们边听音乐边干活儿。

金美英：好主意。

珍妮：我先去整理一下我们的书架，太不整齐了！上个星期我刚整理过一遍，谁知道又乱了！

金美英：好。那我去擦擦窗台。抹布在哪儿？

珍妮：好像在卫生间里晾着呢。

金美英：我去拿。

珍　妮：顺便拿一下拖把。

（两个小时以后 Two hours later）

珍　妮：看，现在咱们的宿舍又干净又整齐。

金美英：（看表 Looking at the watch）哟，我们都打扫了两个小时了，还真有点儿累了。

珍　妮：不过，现在的宿舍真舒服！

---- 在教室 In the classroom ----

王老师：同学们，下课以后要打扫一下教室。

珍　妮：好啊，上了一天课了，正好可以活动一下。

杰　克：我先擦黑板，然后拖地。

朴龙宇：我扫地、倒垃圾。

金美英：那我和珍妮摆放桌椅吧。

王老师：大家都辛苦了。

珍　妮：老师放心吧，我们一定会好好儿打扫的。

杰　克：王老师，您回家休息吧，我们干就行了。

王老师：同学们，以后我们要养成每星期按时打扫

朴龙宇：好的，以后我们每天打扫两次，怎么样？

王老师：好。不但要常常打扫，而且更要注意保持。

生词 shēngcí — New Words

①	打扫	动	dǎsǎo	to clean, to sweep
	扫	动	sǎo	to sweep
②	小时	名	xiǎoshí	hour
③	脏	形	zāng	dirty
④	趁	介	chèn	taking advantage of
⑤	干活儿		gàn huór	to work
	干	动	gàn	to do, to act, to work
	活儿	名	huór	job, task
⑥	整理	动	zhěnglǐ	to tidy up
⑦	书架	名	shūjià	bookshelf
⑧	整齐	形	zhěngqí	tidy
⑨	乱	形	luàn	disorderly
⑩	擦	动	cā	to wipe
⑪	窗台	名	chuāngtái	windowsill
⑫	抹布	名	mābù	cleaning rag
⑬	晾	动	liàng	to dry in the air
⑭	顺便	副	shùnbiàn	by the way
⑮	拖把	名	tuōbǎ	mop
⑯	干净	形	gānjìng	clean
⑰	表	名	biǎo	watch
⑱	累	形	lèi	tired
⑲	教室	名	jiàoshì	classroom
⑳	黑板	名	hēibǎn	blackboard

㉑	拖地		tuō dì	to mop the floor
	地	名	dì	floor
㉒	倒	动	dào	to empty
㉓	垃圾	名	lājī	trash
㉔	摆放	动	bǎifàng	to arrange in good order
	摆	动	bǎi	to put, to place
	放	动	fàng	to put, to place
㉕	桌椅		zhuō yǐ	desks and chairs
㉖	辛苦	形	xīnkǔ	toilsome
㉗	养成	动	yǎngchéng	to develop (a habit of)
㉘	按时	副	ànshí	on time, punctually
	按（照）	介	àn(zhào)	according to
㉙	不但……		búdàn……	not only…but also…
	而且……		érqiě……	
㉚	更	副	gèng	more

练习 liànxí

补充生词 Supplementary New Words

bèizi	nòng	gōngyìpǐn	shúxi
被子	弄	工艺品	熟悉

一 读一读，连一连 Read and match

擦　　　　　　　窗台

　　　　　　　　桌子

　　　　　　　　书架

　　　　　　　　黑板

　　　　　　　　手

　　　　　　　　自行车

晾　　　　　　　衣服

　　　　　　　　拖把

　　　　　　　　抹布

　　　　　　　　鞋

二 选词填空 Fill in the blanks with the right words

打扫　趁　整齐　整理　辛苦　养成　按时　干净

❶ 每天早上起床的第一件事就是_____被子。

❷ 学生有问题的时候应该_____先自己想，然后再问老师的好习惯。

❸ _____别人不注意的时候，他拿走了桌子上的五十块钱。

❹ 虽然我的工作_____一些，不过每天都能和不同的人打交道，我觉得很有意思。

Lesson 32　第三十二课

⑤ 他一个人没法干这么多活儿，只好花钱请人帮忙_____。

⑥ 学生就应该_____睡觉，_____起床，认真写作业。

⑦ 书架我刚擦_____，谁知道这么快又脏了！

⑧ 要保持桌子干净_____，不要弄得又脏又乱。

三 完成句子 | Complete the sentences

1 用"不但……而且……"完成下面的句子
Complete the following sentences using "不但……而且……"

例：他不但学习好，而且体育好。

① 这件事我不但能做，_____。

② 他不但打扫了教室，_____。

③ _____，而且明天你也不能上网。

④ 他的家不但卧室特别大，_____。

⑤ 在这里_____，而且能买到很多好看的工艺品。

2 用"趁……"完成下面的句子
Complete the following sentences using "趁……"

例：趁今天天气好，我们去自然博物馆吧。

① _____，我边听音乐边写作业。

② _____，我打算先去香港玩儿一玩儿。

③ _____，我去商店买了一件羽绒服。

④ _____，珍妮又弹了一遍钢琴。

⑤ _____，丁老师顺便去了一次上海。

四 看图说话 *Talk about the pictures*

1 用"谁知道……"完成下面的句子
Complete the following sentences using "谁知道……"

❶ 我们今天原来要去踢足球,
　　谁知道却下雨了。

❷ 我原来以为杰克去了操场,
　　_____。

去教室

冷

❸ 我以为今天很热,所以就穿了短袖,
　　_____。

❹ 我们以为他爸爸是老师,
　　_____。

医生

跳舞

❺ 我们以为他在艺术节上会唱歌,
　　_____。

Lesson 32　第三十二课

2 用"已经+时间+没有+动词+了"完成下面的对话

Complete the following dialogues using "已经 + *a word indicating time* + 没有 + *v.* + 了"

❶ A：最近你去打太极拳了吗？

B：我已经一个月没有打太极拳了。

半个月
学钢琴

❷ A：杰克，你的钢琴学得怎么样了？

B：_____。

❸ A：昨天你去操场跑步了吗？

B：_____。

几个月
跑步

半年多
看电影

❹ A：明天有新电影，李玉，我们一块儿去看吧！

B：好啊，_____。

❺ A：你能转告珍妮明天来一下我的宿舍吗？

B：对不起，_____。

她病了，一直在家休息。

三天
看到她

五　组句　Arrange the words or phrases into sentences

① 小王　看了　的　五个小时　电视　昨天
_____

② 杰克　两个小时　下午　打了　的　篮球比赛
_____

③ 我以为　买蛋糕　谁知道　没买　你会　你却
_____

④ 你先　拿一下　一会儿　去办公室　就来不及了　我们的书
_____

⑤ 朴龙宇　在宿舍里　响着　的闹钟　一直　好像
_____

六　听一听，选一选　Listen to the dialogues and choose the correct answers 🎧

① A 法国没有男的喜欢的地方　　B 法国好玩儿的地方不太多
　 C 法国有很多好玩儿的地方　　D 女的问男的喜欢法国什么地方

② A 太厉害了　　　　　　　　　B 太不容易了
　 C 太累了　　　　　　　　　　D 太困难了

③ A 和王刚不认识　　　　　　　B 和王刚很熟悉
　 C 和王刚不太熟　　　　　　　D 不太喜欢王刚

④ A 不会迟到的　　　　　　　　B 我知道会迟到
　 C 不可能迟到　　　　　　　　D 迟到也不要紧

⑤ A 我很不希望他不高兴　　　　B 我特别希望他不高兴
　 C 他不高兴和我没关系　　　　D 他一定不会不高兴的

七 填空，每个空格一个汉字 Fill in each blank with a Chinese character

我家有四口人：父亲、母亲、姐姐和我。父亲四十五岁，是中学老师。母亲四十三岁，是一家医院的医生。从星期一_____星期五，他们六点或六点一_____起床。穿好衣服后就收_____床，_____扫卫生，整_____客厅，然后妈妈就到厨房开始准_____早餐。

吃完早饭，我们所有人都出_____。父母去上班，姐姐和我去学校。我们不能一起在家吃_____饭，因为中午都不回家。晚上七点我们一起吃晚饭，看半个小_____电视。然后，姐姐和我学习。父母有很多工作要做，他们晚上_____忙。我想，等我毕业了，一定要帮父母多_____一点儿活儿。

八 活动 Activities

1 王刚妈妈的星期六
A Saturday of Wang Gang's Mom

❶ 7：30 开窗

❷ 8：00 整理床

❸ 9：00 打扫卫生间

❹ 9：30 扫地

❺ 10:00　拖地

❻ 11:00　整理书架

❼ 11:30　擦房间的窗台

❽ 13:00　倒垃圾

❾ 14:45　洗衣服

❿ 16:30　晾衣服

说一说

Speaking

❶ 王刚妈妈星期六都干了什么活儿？

❷ 你的妈妈星期六都干什么活儿？

❸ 你在家里干活儿吗？为什么？

❹ 在你们国家，是学生打扫教室还是别人打扫教室？

❺ 你觉得学生应该自己打扫教室吗？为什么？

2 下面这幅图是王刚家的卫生间，能说说卫生间里都有什么吗？能告诉老师和同学你家的卫生间还有什么吗？（不会的可以查词典）

This is a picture of the bathroom in Wang Gang's home. What are there in the bathroom? What else do you have in your bathroom? (Look up a dictionary if necessary.)

补充阅读 Supplementary Reading

门为谁开

跟儿子聊天儿时,儿子说他的一个朋友在谷歌(Google)得到了一份工作。说这话的时候,他一脸的崇拜,我这个听的人也一脸的崇拜。我们一致认为,如果说微软(Microsoft)改变了我们的思维的话,谷歌其实正在不知不觉中改变着我们周围的世界。所以我们俩都比较崇拜谷歌。

他的同学是怎么得到谷歌的工作的呢?

有一天,他在大学校园里看到了一个小小的广告。上面只写着"www.",然后是个很奇怪的数学符号。他觉得很有意思,就记住了网址。回家上网的时候,他顺便进去看了看。里面只有一道数学题。他觉得很有意思,就决定做一下。这道题并不容易,花了他半个小时。等他写完答案后,电脑中突然出现了一个表格,请他填写。

谷歌的门就这样向他打开了。

生词 shēngcí

dédào	liǎn	chóngbài	yízhì	gǎibiàn	sīwéi
得到	脸	崇拜	一致	改变	思维
bù zhī bù jué	zhōuwéi	liǎ	xiàoyuán	guǎnggào	fúhào
不知不觉	周围	俩	校园	广告	符号
wǎngzhǐ	dào	tí	bìng	dá'àn	biǎogé
网址	道	题	并	答案	表格
tiánxiě					
填写					

1 根据文章内容，选择正确的答案

Choose the right answers based on the reading passage

❶ 为什么儿子会一脸崇拜？

　　A 朋友有工作了　　　　B 跟爸爸聊天儿了

　　C 这工作很难找　　　　D 儿子崇拜爸爸

❷ "一致"可能是什么意思？

　　A 一起　　　　　　　　B 一块儿

　　C 一直　　　　　　　　D 都

❸ 儿子的朋友是怎么得到这个工作的？

　　A 在校园里看到的　　　B 因为细心得到的

　　C 在广告里发现的　　　D 在上网时找到的

2 根据文章内容，回答下面的问题

Answer the following questions based on the reading passage

❶ 文章认为微软（Microsoft）和谷歌（Google）有什么不一样？

❷ 你觉得文章中的儿子想不想得到这个工作？为什么？

❸ 为什么朋友得到了这个工作，但是儿子没有得到这个工作？说说你的想法。

Lesson 33

我们只比你早一点儿
wǒ men zhǐ bǐ nǐ zǎo yì diǎnr

课文 kèwén

---- 在王刚家楼下 In front of Wang Gang's home ----

金美英：你们瞧，那不是8号楼吗？

珍 妮：你再仔细看看，那不是8，那是3。

朴龙宇：是呀，但是现在天太黑了，我快要迷路了。

金美英：你呀，比我还糊涂。

珍 妮：我看，还是给王刚打个电话，让他下楼来接我们吧。

---- 在王刚家 At Wang Gang's home ----

王 刚：妈，朴龙宇他们来了。

王刚妈妈：欢迎你们，快进来吧。

金美英：阿姨好！中秋节快乐！

珍 妮：阿姨，我们给您带来了一盒月饼和一些水果。

王刚妈妈：你们真是太客气了！

（叮咚，门铃响了 The doorbell is ringing.）

王　刚：八成是李玉来了。

王刚妈妈：赶快去开门。

李　玉：真不好意思，你们早就来了吧？

珍　妮：没有，我们只比你早一点儿。

李　玉：我本来以为坐出租车会快点儿，没想到也这么慢。

王　刚：现在正是下班高峰，坐地铁比坐出租车更快。

王刚妈妈：大家都到屋里来吧，今天我们在一起好好儿过一个中秋节。

珍　妮：阿姨，中国人过中秋节都干什么呢？

王刚妈妈：中秋节是中国人团圆的日子，一家人在一起吃月饼、赏月。

王　刚：我妈妈说，我们家就是你们在中国的家。

李　玉：咦，金美英，你怎么了？

金美英：没事儿，我只是有点儿想家了。

王刚妈妈：想家了？那就给你妈妈打个电话吧。
xiǎng jiā le　nà jiù gěi nǐ māma dǎ ge diànhuà ba

金美英：谢谢阿姨。
xièxie āyí

生词 shēngcí — New Words

#	词	词性	拼音	英文
1	比	介	bǐ	than
2	瞧	动	qiáo	(informal) to look
3	但是	连	dànshì	but
4	黑	形	hēi	dark
5	迷路		mí lù	to get lost
6	糊涂	形	hútu	muddled
7	阿姨	名	āyí	auntie
8	中秋节	名	Zhōngqiū Jié	Mid-Autumn Festival
9	快乐	形	kuàilè	happy
10	盒	量	hé	a measure word for boxes
11	月饼	名	yuèbing	moon cake
12	水果	名	shuǐguǒ	fruit
13	叮咚	拟声	dīngdōng	tinkle (an onomatopoeia)
14	门铃	名	ménlíng	doorbell
15	八成	副	bāchéng	most probably
16	赶快	副	gǎnkuài	quickly, at once
17	本来	副	běnlái	at first
18	出租车	名	chūzūchē	taxi
19	高峰	名	gāofēng	rush hour
20	屋	名	wū	room
21	团圆	动	tuányuán	to reunite
22	日子	名	rìzi	day
23	赏	动	shǎng	to enjoy (the beauty of)
24	月（月亮）	名	yuè (yuèliang)	moon
25	没事儿		méi shìr	never mind
26	只是	副	zhǐshì	just

Lesson 33　第三十三课

练习 liànxí

补充生词 Supplementary New Words

Chūn Jié	Yuánxiāo Jié	Duānwǔ Jié	Qīngmíng Jié	Yuándàn
春节	元宵节	端午节	清明节	元旦
Fùnǚ Jié	Qīngnián Jié	Láodòng Jié	Értóng Jié	Guóqìng Jié
妇女节	青年节	劳动节	儿童节	国庆节
zhòng	gōngjīn	límǐ	shuāngbāotāi	guàng
重	公斤	厘米	双胞胎	逛
jiànzhuàng				
健壮				

一 把下面的节日写在相应的日历上

Put the following festivals under the corresponding dates on the calendar

春节　　端午节　　元宵节　　中秋节　　清明节　　青年节
劳动节　　国庆节　　儿童节　　元旦　　妇女节

二 读一读，连一连 Read and match

迷　　　　　　　家

下　　　　　　　出租车

想　　　　　　　门

坐　　　　　　　路

过　　　　　　　月

开　　　　　　　楼

赏　　　　　　　中秋节

三 认一认，读一读 Read the following expressions

进来	进去	出来	出去		
上来	上去	下来	下去	过来	过去
下车	下楼	下山	上车	上楼	上山
坐出租车	坐地铁	坐火车	坐飞机	坐船	坐车
过中秋节	过春节	过元旦	过国庆节	过端午节	

四 选词填空 Fill in the blanks with the right words

1 八成　过　只是　糊涂　没事儿　赶快　干　本来　早就

❶ 不用介绍了，我们_____认识了。

❷ 这件事他_____不知道。

❸ 都十点了，我们_____走吧。

❹ 我今天没什么事，_____想去买几本书。

❺ 他_____什么事都特别认真。

❻ A：妈妈，我_____想这星期回家看您，但是我最近特别忙，不能回去了。

   B：没事儿，你忙吧。下星期再回来也可以。

❼ _____，来吧，一点儿都不危险，特别有意思。

❽ 中国人_____春节的时候，常常一家人在一起吃团圆饭。

❾ 你看我多_____，又没带笔。

2 来 去

❶ 快点儿下楼_____，我在楼下等你。

❷ 今天外面很冷，出_____的时候多穿点儿衣服。

❸ 他已经回_____了，我刚才看见他了。

❹ 天都这么黑了，快点儿回家_____吧。

❺ 你在这儿等我，我进_____买点儿东西马上就来。

❻ 你看，前面走过_____的人是谁？

❼ 老师进_____的时候，我们正在考试呢。

❽ 你再等等，他已经下楼_____接你了。

五 看图说话 *Talk about the pictures*

1

❶ 哥哥比弟弟重5公斤。

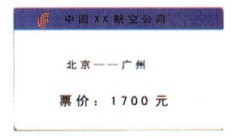
❷ 贵

❸ 大

❹ 高

❺ 快

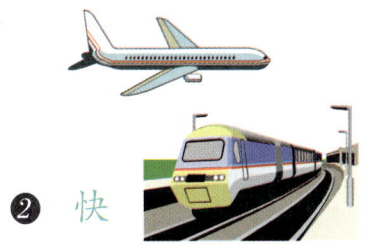
❻ 高

2

❶ 这本书比那本书有意思多了。

❷ 快

❸ 漂亮

❹ 干净

❺ 整齐

❻ 辛苦

3

❶ 他带来一盒月饼。

❷ 带

❸ 带

❹ 带

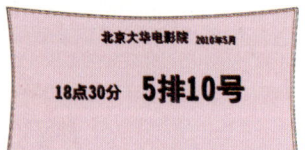
❺ 送

❻ 拿

4

弟弟　　哥哥
❶ 弟弟比哥哥还高。

❷ 脏

❸ 冷

❹ 辣

❺ 便宜

❻ 麻烦

5

❶ 他比我更喜欢音乐。

❷ 游泳

❸ 看电影

❹ 打篮球

❺ 跳舞

六 组句 Arrange the words or phrases into sentences

❶ 早就　以为　我　来了　他们

_____

❷ 已经　去　我　以为　进　教室　他们　了

_____

❸ 一起　应该　本来　去　你和他　就

_____

❹ 想　明天　他　我只是　看看　去

_____

❺ 一点儿　比　她　上学时　胖了

_____

七 完成句子 Complete the sentences

例：我很想和你一起去，但是我今天太忙了。

1. 这个电影我已经看过了，但是_____。

2. 这条围巾很好看，但是_____。

3. 听说他已经回来了，但是_____。

4. 今天我很累，但是_____。

八 听一听，选一选 Listen to the dialogues and choose the correct answers

1. A 很生气
   B 很忙，不想等他了
   C 觉得没关系

2. A 女的觉得男的的房间布置得很好
   B 女的觉得男的的房间布置得不太好
   C 女的不知道男的的房间布置得好不好

3. A 身体不舒服，很想在家里
   B 身体不舒服，只好在家里
   C 身体不舒服，但不能在家里

4. A 男的刚走，她的朋友就来了
   B 她的朋友一直没有来
   C 男的走了很久，她的朋友才来

5. A 不让男的说
   B 觉得车坏了没有关系
   C 车子坏了，女的很不高兴

九 填空，每个空格一个汉字 Fill in each blank with a Chinese character

今天跟朋友说好晚上6点在一家饭馆见面。现在已经5点半了，正是下班_____峰，人很多，我很糊_____，经常_____路。我得赶_____走了，今天八_____要迟到了。

十 活动 Activities

1 想一想，你们国家都有哪些节日？在这些节日里人们都做些什么？把它们记录下来吧。

What festivals do you have in your own country and what people usually do on these festivals? Please write them down.

节　日	时　间	做些什么
1.		
2.		
3.		
4.		
5.		
6.		

2 读下面的短文，然后完成后面的表格。

Read the following passage and complete the following form.

可心和开心是一对双胞胎，今天是他们15岁的生日。可心是妹妹，很漂亮，也很可爱。她个子不太高，只有1米55，很瘦，才40公斤。可心喜欢听音乐、看书，她每星期都要去书店逛逛，买几本书。可心觉得，周末休息的时候，一边听音乐一边看书是非常有意思的事。开心是哥哥，他很爱运动，游泳、滑冰、打篮球、踢足球，他都喜欢。每天他都要做两个小时的运

Lesson 33　第三十三课

动。开心的个子很高，也很健壮，虽然才15岁，但他已经1米75了，有60公斤重呢！

同学们，你们喜欢可心和开心吗？和他们比一比，并用"我比他/她 + 形容词 + 得多/多了/一点儿"的句子说出来。

Do you like Kexin and Kaixin? Compare yourselves with them and make sentences with "我比他/她 + *adj.* + 得多/多了/一点儿".

如果你是一名女生，下个月过15岁生日，可以说："我比可心小一点儿。"也可以说："可心比我大一点儿。"

如果你是一名男生，身高是1米78，你可以说："我比开心高一点儿。"也可以说："开心比我矮一点儿。"

	可心/开心	你	比一比
年龄			
身高			
体重			
爱好			

补充阅读
Supplementary Reading

农历八月十五在秋季的中间，所以叫做"中秋"。中秋节是中国的重要节日，是仅次于春节的第二大传统节日。中秋的夜晚，月亮圆圆的，象征团圆，是一家人团圆的日子，所以，中秋节又叫做"团圆节"。中秋节这一天，人们都要吃月饼，因为月饼也是圆的，象征着团圆。在中秋节的夜晚，人们还喜欢吃些西瓜这样圆圆的水果，祝福家人生活美满、甜蜜、平安。

生词 shēngcí

qiūjì 秋季	jiàozuò 叫做	jiérì 节日	jǐn 仅
cì 次	chuántǒng 传统	yèwǎn 夜晚	xiàngzhēng 象征
měimǎn 美满	tiánmì 甜蜜	píng'ān 平安	

根据文章内容，回答下面的问题

Answer the following questions based on the reading passage

❶ 中国的第一大传统节日是什么？

❷ 八月十五为什么叫"中秋"？

❸ 圆圆的月亮象征什么？

❹ 中秋节的时候，中国人一定要吃什么？

Lesson 34

天气一天比一天冷
tiān qì yì tiān bǐ yì tiān lěng

课文 kèwén

---- 在珍妮的宿舍 In Jenny's dormitory ----

金美英：这张照片真漂亮！

珍　妮：我也觉得照得挺漂亮的。

金美英：我不是说你漂亮，而是说风景漂亮。

珍　妮：啊？我还以为你说我比风景漂亮呢。

金美英：跟你开玩笑呢！别生气！风景漂亮，人更漂亮。

珍　妮：我没生气，我可没有风景漂亮。你看，黄黄的树叶，多漂亮啊！

金美英：是呀！这是什么树？

珍　妮：这种树叫银杏树，北京的街道两旁有很多这样的树。

金美英：我怎么没见过？你能不能也带我去看看？

珍　妮：行啊，现在就去，别忘了带相机。

---- 在路上 On the way ----

金美英：没想到北京的秋天也这么美，以前我不喜欢秋天。

珍　妮：为什么？秋天多好啊！

金美英：我怕冷，到了秋天，天气一天比一天冷。

珍　妮：我不怕冷。在家的时候，我最喜欢冬天，因为可以滑雪。

金美英：你喜欢滑雪？那多危险啊！

珍　妮：才不呢！从高高的山上滑下来，那种感觉最棒了！

金美英：你个子高，穿一身漂亮的滑雪服，一定很帅。

珍　妮：你呢？你喜欢什么季节？

金美英：我呀，最喜欢夏天。

Lesson 34　第三十四课

珍 妮：夏天多热啊！

金美英：夏天可以到海边游泳，尤其是晚上，海风凉凉的，沙子暖暖的，舒服极了。

珍 妮：金美英，快看，前面那一片银杏树。

金美英：简直太漂亮了！

生词 shēngcí — New Words

1	天气	名	tiānqì	weather
2	照片	名	zhàopiàn	photo
3	照	动	zhào	to take (a photo)
4	不是……而是……		bú shì……ér shì……	not...but...
5	风景	名	fēngjǐng	scenery
6	开玩笑		kāi wánxiào	to joke
7	生气		shēng qì	to be angry
8	树叶	名	shùyè	leaf
9	银杏树	名	yínxìngshù	ginkgo
10	街道	名	jiēdào	street
11	相机	名	xiàngjī	camera
12	路上	名	lùshang	on the road
13	美	形	měi	beautiful
14	冬天	名	dōngtiān	winter
15	滑雪		huá xuě	to ski
16	危险	形	wēixiǎn	dangerous
17	山	名	shān	mountain
18	滑	动	huá	to slide
19	感觉	名	gǎnjué	feeling

⑳	身	量	shēn	suit (a measure word for clothes)
㉑	滑雪服	名	huáxuěfú	ski suit
㉒	季节	名	jìjié	season
㉓	夏天	名	xiàtiān	summer
㉔	海	名	hǎi	sea
㉕	尤其	副	yóuqí	especially
㉖	风	名	fēng	wind
㉗	凉	形	liáng	cool
㉘	沙子	名	shāzi	sand
㉙	暖	形	nuǎn	warm
㉚	片	量	piàn	a measure word for land, field, waters
㉛	简直	副	jiǎnzhí	simply

一　看图写短语　Write a phrase for each picture below

Lesson 34　第三十四课

二 读一读，连一连 Read and match

滑　　　　　　玩笑
照　　　　　　泳
开　　　　　　雪
穿　　　　　　气
游　　　　　　照片
生　　　　　　衣服

三 认一认，读一读 Read the following expressions

多热呀　多危险哪　多奇怪呀　多脏啊　多乱哪　多累呀　多干净啊

最棒　　最辛苦　　最认真　　最糊涂　最奇怪　最整齐

喜欢滑雪　　喜欢游泳　　喜欢干活儿　　喜欢拖地

四 选词填空 Fill in the blanks with the right words

才不呢　开玩笑　危险　照　尤其　简直　片　身　最　凉

❶ 别生气，他跟你_____呢！

❷ 今天晚上有点儿_____，多穿件衣服吧。

❸ 给我看看你昨天_____的照片吧。

❹ A：你怕狗吗？

　　B：_____！我最喜欢狗了。

❺ 他的学习很好，_____是数学，每次考试都是100分。

❻ 你这_____衣服真漂亮。

❼ 在马路上边走边玩儿很_____。

❽ 我_____太累了,得马上回家休息。

❾ 你看,那_____银杏树多漂亮啊!

❿ 今天是我_____高兴的一天。

五 看图说话 Talk about the pictures

1

❶ 这个中药没有那个中药那么苦。

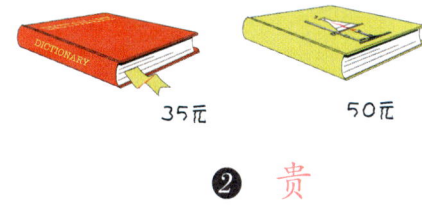

❷ 贵

❸ 热

❹ 好听

❺ 危险

❻ 美

2

❶ 我没有他那么喜欢音乐。

❷ 滑雪

 ❸ 画画儿  ❹ 上网  ❺ 踢足球

3

 ❶ 中药多苦啊！

 ❷ 风景 美

 ❸ 教室 干净

 ❹ 这本故事书 有意思

 ❺ 你的妹妹 可爱

 ❻ 他的个子 高

4

 ❶ 天气一天比一天冷。

 ❷ 他的汉语 好

 ❸ 商店里的人 多

 ❹ 他的个子 高

❺ 她的房间　干净

❻ 你的妹妹　可爱

六　组句　Arrange the words or phrases into sentences

❶ 没有　想家　可　那么　他　我
_____

❷ 了　简直　热　房间里　太
_____

❸ 他　啊　琴　弹　好　得　多
_____

❹ 在　得　最快　我们班　他　跑
_____

❺ 不知道　来　他　今天　我怎么
_____

七　完成句子　Complete the sentences

1 用"不是……而是……"完成下面的句子
Complete the following sentences using "不是……而是……"
例：我不是不想去，而是没时间去。

❶ 我不是不喜欢这件衣服，而是_____。

❷ 我们的考试时间不是今天，而是_____。

❸ 我不是不着急，而是_____。

❹ 他不是我的朋友，而是_____。

Lesson 34　第三十四课

2 用"尤其"完成下面的句子
Complete the following sentences using "尤其"

例：他的英语很好，尤其是口语。

❶ 我哥哥特别喜欢运动，尤其_____。

❷ 这次考试同学们的成绩都很好，尤其_____。

❸ 北京很漂亮，尤其_____。

❹ 我最近特别忙，尤其_____。

八 听一听，选一选 Listen to the dialogues and choose the correct answers

❶ A 女的刚才不想去，现在想去了
B 女的不想去张阿姨家
C 女的不喜欢和年纪小的人玩儿

❷ A 李明在和男的玩儿呢
B 李明在和男的笑呢
C 李明说的不是真的，他会来的

❸ A 很困，想睡觉
B 很累，想休息
C 有困难不能去

❹ A 没考好没关系
B 没考好是很大的事
C 没考好很不应该

❺ A 这种树在北京很少
B 这种树在北京有的地方有，有的地方没有
C 这种树在北京有很多

九 填空，每个空格一个汉字 Fill in each blank with a Chinese character

别_____气了，现在路上车太多了，尤_____是上下班的时候。你还这么小，一个人出去简_____太_____险了。明天_____气好，我正好休息，我带你出去玩儿，怎么样？

十 活动 Activities

1 根据下面的表格，用"最"说一句话。例：金力最小。

Speak a sentence using "最" according to the table below. For example, 金力最小。

	出生年月	身 高	体 重	爱 好	考试成绩	到校时间
王冰	1994年1月28日	1米76	70公斤	打篮球	80分	7：33
李月	1993年12月9日	1米73	63公斤	唱歌	95分	7：35
张好	1993年10月10日	1米65	55公斤	音乐	93分	7：42
丁艺	1994年3月20日	1米80	65公斤	读书	98分	7：30
金力	1994年4月17日	1米70	60公斤	游泳	88分	7：45
马可	1993年9月5日	1米68	58公斤	踢球	86分	7：40

2 介绍一下你自己，尽可能多地用上"最"。

Introduce yourself using "最" as many times as possible.

例：我最喜欢的水果是西瓜。

我最喜欢的运动是……

我最喜欢的书是……

我最喜欢的一个人是……

我最难忘的一件事是……

Lesson 34   第三十四课

补充阅读
Supplementary Reading

北京的秋天是四季中最美的季节。北京钓鱼台国宾馆东边有一条著名的银杏树大道。道路两边种满了高大的银杏树。每到秋天，钓鱼台两边的银杏树林就成了北京城里最美的地方之一。路上都是银杏树的落叶，金黄金黄的，非常漂亮，大家都非常喜欢。银杏树下，老人在散步，孩子在玩耍，新人们在拍婚纱照。到处是金黄色的银杏叶和人们的笑脸，多美呀！很多人用相机记录下了这些美好的景色。

生词 shēngcí

Diàoyútái Guóbīnguǎn 钓鱼台国宾馆	zhùmíng 著名	dàdào 大道	zhòngmǎn 种满
chéng 城	luòyè 落叶	jīnhuáng 金黄	sàn bù 散步
wánshuǎ 玩耍	xīnrén 新人	pāi zhào 拍照	hūnshā 婚纱
dàochù 到处	xiàoliǎn 笑脸	jìlù 记录	jǐngsè 景色

根据文章内容，回答下面的问题
Answer the following questions based on the reading passage

1. 北京最美的季节是哪一个？
2. 银杏树大道在哪儿？
3. 人们会在银杏树下做什么？

Lesson 35

我的成绩不如玛丽好
wǒ de chéng jì bù rú mǎ lì hǎo

课文 kèwén

---- 考试后 After the exam ----

朴龙宇：杰克，考试考得怎么样？

杰 克：不怎么样，题太难了，好多题都看不懂。

朴龙宇：谁叫你不好好儿复习呢？

杰 克：我复习了，我真的认真复习了。你看，眼睛都熬红了，昨天开了一晚上夜车。

朴龙宇：你呀，平时就应该努力点儿。

杰 克：都考完了，说这个有什么用啊？我后悔死了。

朴龙宇：可是没有后悔药吃啊！

---- 在教室 In the classroom ----

金美英：你怎么不去吃午饭呢？

朴龙宇：没胃口，什么都不想吃。

金美英：病了还是没考好？

朴龙宇：我的成绩不如玛丽好，妈妈知道了又要说我了。

金美英：你跟你妈妈好好儿解释一下，不是你考得不好，而是这次考试的题太难了。

朴龙宇：说这个没用，我妈妈就看成绩。

珍妮：你妈妈那么重视考试成绩啊？

朴龙宇：说对了，我们那儿的父母都特别在乎考试成绩，难道你父母不在乎吗？

珍妮：他们很少问我成绩，更关心我参加了哪些社会活动。

金美英：在我们国家，考大学主要看成绩，所以父母都格外关心成绩。

珍妮：但是，每天都在教室里学习不如多参加些社会活动。

朴龙宇：谁说不是呢？我学习不如别人，不能说明我不好啊！

金美英：对呀，你看，你打篮球就比别人好多了，这也是能力呀!

珍妮:好了,朴龙宇,别难过了,下次再好好儿考,我相信你。

生词 shēngcí New Words

1. 不如 动 bùrú not as...as
2. 考 动 kǎo to test, to take a test
3. 题 名 tí question
4. 懂 动 dǒng to understand
5. 叫 动 jiào to allow, to permit
6. 复习 动 fùxí to review
7. 眼睛 名 yǎnjing eye
8. 熬 动 áo to stay up
9. 开夜车 kāi yèchē to work at night
10. 应该 助动 yīnggāi should
11. 完 动 wán to be over
12. 后悔 动 hòuhuǐ to regret
13. 死 形 sǐ very, extremely
14. 胃口 名 wèikǒu appetite
15. 解释 动 jiěshì to explain
16. 重视 动 zhòngshì to attach importance to
17. 父母 名 fùmǔ parents
18. 在乎 动 zàihu to care about
19. 难道 副 nándào used in a rhetorical question for emphasis
20. 关心 动 guānxīn to care for
21. 社会 名 shèhuì society
22. 国家 名 guójiā country, nation
23. 主要 形 zhǔyào main
24. 格外 副 géwài particularly

Lesson 35   第三十五课

25	说明	动	shuōmíng	to mean
26	能力	名	nénglì	ability
27	难过	形	nánguò	to feel sad

练习 liànxí

补充生词 Supplementary New Words

huàjù　　jiāzhǎnghuì
话剧　　家长会

一 把下面的短语用一个词表示出来 Use one word to substitute the phrase given below

例：爸爸和妈妈——父母

哥哥和弟弟——　　　　父亲和儿子——

姐姐和妹妹——　　　　父亲和女儿——

哥哥和妹妹——　　　　母亲和儿子——

姐姐和弟弟——　　　　母亲和女儿——

二 读一读，连一连 Read and match

参加　　　　考试成绩

开　　　　　国家大事

重视　　　　汉语

关心　　　　夜车

吃　　　　　活动

复习　　　　后悔药

三 认一认，读一读 Read the following expressions

后悔死了　难过死了　高兴死了　难闻死了　忙死了　脏死了

格外高兴　格外整齐　格外干净　格外辛苦　格外顺利　格外小心

看不懂　看不明白　看不见　看不完　看不上　看不清楚

四 选词填空 Fill in the blanks with the right words

1 说　应该　主要　解释　在乎　说明　能力　关心　格外　死了

① 你能再给我_____一下这个问题吗？

② 谢谢您这么_____我。

③ 没关系，我不_____他怎么说。

④ 我觉得他现在_____来了。

⑤ 今天见到你，我_____高兴。

⑥ 热_____，咱们赶快回家吧。

⑦ 没关系，好好儿复习，我相信你有_____考好。

⑧ 昨天你那么晚回家，你妈妈_____你了吗？

⑨ 我今天_____是来看看你。

⑩ 他这么做_____他很关心你。

2 红　见　懂　完　走　开　上　住　着(zháo)
　　成　给　对　错　干净　清楚

① 你听_____了吗？真的是他？

② 你昨天晚上肯定开夜车了，你看眼睛都熬_____了。

③ 昨天我在学校门口又看_____他了。

④ 请把汉语翻译_____英语。

⑤ 太热了，开_____空调吧。

⑥ 房间已经打扫_____了。

⑦ 我写_____作业了，可以看会儿电视吗？

⑧ 太好了，我全都做_____了。

⑨ 我没听_____，您能再讲一遍吗？

⑩ 汽车在门口停_____了。

⑪ 谢谢，我已经找_____我的书了。

⑫ 穿_____衣服马上跟我走。

⑬ 你把东西都拿_____吧。

⑭ 对不起，我又说_____了。

⑮ 明天把作业本交_____老师。

五 看图说话　Talk about the pictures

❶ 弟弟不如哥哥高。

❷ 冷

❸ 好

❹ 整齐

❺ 好看

❻ 快

六 组句 Arrange the words or phrases into sentences

① 他 别 说 再 知道 已经 他 了 错了

② 下班高峰 呢 走路 不如 正是 坐公共汽车 还 快

③ 我 没有 知道 怎么 回来 他

④ 来 老师 早 我们 不如 得

⑤ 不 着(zháo) 怎么 睡 也 难受 了 太

七 完成句子 Complete the sentences

1 用"叫"完成下面的句子
Complete the sentences using "叫"

例：老师说："你们都快点儿回家吧。"
　　老师叫我们都快点儿回家。

① 老师说："今天好好儿复习，准备明天考试。"

② 妈妈说："早点儿睡吧。"

③ 朋友说："下课以后，等我一会儿。"

④ 妈妈说："你今天不可以看电视。"

Lesson 35　第三十五课

❺ 朋友说:"你身体不舒服,别去上课了,在家休息休息。"
_____

2 用"不是……而是……"完成下面的句子
Complete the sentences using "不是……而是……"

例:他不是坐飞机去上海的,而是坐火车去的。

❶ 我不是星期六上课,而是_____。

❷ 今天晚上我们不是看话剧,而是_____。

❸ 不是我爸爸来开家长会,而是_____。

❹ 我不是不想和你一起去,而是_____。

❺ _____不是_____,而是_____。

3 根据要求完成下面的句子
Complete the sentences based on the given context

例:孩子每天很晚睡觉,妈妈说:"你呀,能不能早点儿睡觉?"

❶ 有一个学生经常迟到,老师说:

"你呀,_____?"

❷ 有一个人不喜欢锻炼身体,他的朋友说:

"你呀,_____?"

❸ 有一个学生上课和别人说话,老师说:

"你呀,_____?"

❹ 孩子不洗手就吃饭,妈妈说:

"你呀,_____?"

❺ 有一个学生写作业写得很慢,老师说:

"你呀,_____?"

4 写出下面反问句的意思
Write the meanings of the following rhetorical questions

例：说这个有什么用？⟶ 说这个没有用。

① 这样做有什么好处？⟶ _____

② 我怎么知道他们去哪儿了？⟶ _____

③ 难道我不关心他吗？⟶ _____

④ 谁说他不好？⟶ _____

⑤ 谁知道一出门就下起雨来！⟶ _____

八 听一听，选一选 Listen to the dialogues and choose the correct answers

① A 女的后悔了，想吃药
B 女的吃了药很后悔
C 女的觉得应该和男的一起去

② A 头疼，不舒服
B 很忙，很累
C 不想吃东西

③ A 女的昨天晚上开了一夜的车
B 女的昨天晚上一直在学习
C 女的昨天晚上一直在工作

④ A 妈妈没有和"我"说话
B 妈妈没有批评"我"
C 妈妈已经休息了，没有说话

⑤ A 女的不知道王老师家在哪儿
B 女的没有时间去看王老师
C 女的去看过王老师了

九　填空，每个空格一个汉字　Fill in each blank with a Chinese character

我有些后_____，有些生气，有些难_____。为什么大家都不关_____我？难_____真的是我做错了吗？

十　活动　Activities

1　找不足。和同学比一比，找出你不如同学的地方，用"A不如B"说一句话。

   Find out shortcomings. Compare with your classmates and find out your weak points. Speak a sentence using "A 不如 B".

   例：我的成绩不如××好。

2　小游戏。老师说一个词，如"作业、桌子、灯、衣服"，等等，学生根据老师给的词说两句话。

   Play a game. The teacher gives a word, such as "作业"，"桌子"，"灯" or "衣服", and the students speak two sentences with the word.

   例：老师：作业。

   　　学生：我写作业。作业写完了。

十一　古诗　An ancient poem

绝句 (jué jù)

杜甫 (dù fǔ)

迟日江山丽，
chí rì jiāng shān lì

春风花草香。
chūn fēng huā cǎo xiāng

泥融飞燕子，
ní róng fēi yàn zi

沙暖睡鸳鸯。
shā nuǎn shuì yuān yāng

补充阅读
Supplementary Reading

在中国，学生的学习时间很长，每天要完成很多作业，周末要补习，还经常考试，课外没有太多娱乐时间。孩子们从小就要为进名牌大学作准备。中国的父母从孩子很小的时候就开始为他们报名参加各种补习班，甚至为孩子买钢琴等很贵的东西。有的家庭为了能让子女有很好的学习、生活环境，还经常搬家。很多家长自己省吃俭用，但是却借钱让孩子上学。中国人这么重视子女教育，投入这么多的时间、金钱和精力，在西方国家是很少见的。

生词 shēngcí

bǔxí 补习	yúlè 娱乐	míngpái 名牌	bàomíng 报名
shènzhì 甚至	děng 等	huánjìng 环境	bānjiā 搬家
shěng chī jiǎn yòng 省吃俭用	jiè qián 借钱	jiàoyù 教育	tóurù 投入
jīnqián 金钱	jīnglì 精力	huā qián 花钱	

根据文章内容，判断正误
Determine if the following statements are true or false based on the reading passage

❶ 中国学生周末要考试，所以没有娱乐时间。（　）
❷ 中国的父母给孩子买钢琴是想让孩子上名牌大学。（　）
❸ 因为周末要上补习班，所以中国父母经常搬家。（　）
❹ 中国家长自己吃饭穿衣花钱很少，但是会花很多钱让孩子上学。（　）
❺ 中国人在孩子的教育上比西方人花钱多。（　）

Lesson 35　第三十五课

UNIT 7

第七单元

Lesson 36

你是第一次来中国吗
nǐ shì dì yī cì lái zhōngguó ma

课文 kèwén

---- 在教室 In the classroom ----

李 玉：珍妮，你是第一次来中国吗？

珍 妮：不是，我一年前来过一次。

李 玉：你那次来是干什么？

珍 妮：那次是为了找读书的学校，顺便和家人一起旅旅游。

李 玉：你觉得现在的北京跟从前一样吗？

珍 妮：马路上的人还是一样多，不过，比以前更干净了。

李 玉：你现在还总想家吗？

珍 妮：没有以前那么想了，就是过节的时候还有点儿想家。

李 玉："每逢佳节倍思亲"嘛！

珍 妮：什么意思啊？

李 玉：就是说，节日的时候人们会更想念自己的亲人。

珍 妮：这句歌词说得的确有道理。

李 玉：这哪是歌词啊？这是诗，以后我教你。

在路上 On the way

珍 妮：每逢佳节倍思亲……

王 刚：你在那儿说什么呢？

珍 妮：李玉刚才教了我一句诗，我觉得挺好的。

王 刚：怎么？又想家了？

珍 妮：有点儿。真巴不得早一点儿过圣诞节啊。

王 刚：离圣诞节还有一个多月呢。

珍 妮：过圣诞节的时候，我们全家人会一起吃圣诞晚餐。

王 刚：跟我们的春节一样，我们全家人也都要一起吃团圆饭。

珍 妮：可惜今年我不能回家过圣诞节了。

王 刚：这是你第一次不在家过圣诞节吧？

珍妮：可不是。其实，我对这儿的生活已经挺习惯的了。

王刚：有机会跟我们一起过春节吧。

珍妮：好啊！同中国人一起过春节一定很有趣。

生词 shēngcí — New Words

#	词	词性	拼音	英文
1	为了	介	wèile	for
2	读书		dú shū	to study
3	家人	名	jiārén	family member
4	旅游	动	lǚyóu	to travel
5	从前	名	cóngqián	past
6	马路	名	mǎlù	road
7	总（是）	副	zǒng (shì)	always
8	意思	名	yìsi	meaning
9	节日	名	jiérì	festival
10	人们	名	rénmen	people
11	想念	动	xiǎngniàn	to feel sad because you can no longer see somebody or something that you like
12	亲人	名	qīnrén	one's family member, kinsfolk
13	歌词	名	gēcí	lyrics, words of a song
14	的确	副	díquè	indeed
15	道理	名	dàoli	sense, reason
16	诗	名	shī	poem
17	巴不得	动	bābude	to be only too eager to do something
18	圣诞节	名	Shèngdàn Jié	Christmas
19	全	形	quán	whole
20	晚餐	名	wǎncān	dinner, supper

㉑	春节	名	Chūn Jié	Spring Festival
㉒	可惜	形	kěxī	regrettable
㉓	其实	副	qíshí	actually
㉔	机会	名	jīhuì	chance, opportunity
㉕	同	介	tóng	together with
㉖	有趣	形	yǒuqù	interesting

练习 liànxí

补充生词 Supplementary New Words

jiānchí	nì	qíngkuàng	chūfā	cǎiyòng	A A zhì
坚持	腻	情况	出发	采用	AA制

一 读一读，连一连 Read and match

想念   父母

     朋友

     同学

     家人

过   圣诞节

     端午节

     中秋节

     春节

Lesson 36 第三十六课

二 认一认，读一读 Read the following phrases and expressions

去北京旅游　　去上海旅游　　去美国旅游　　去法国旅游　　去韩国旅游
的确有道理　　的确不错　　的确是你错了　　的确不应该去
的确他没参加
巴不得休息休息　　巴不得回家　　巴不得回国
巴不得他不去　　巴不得早点儿走
全家人　　全校学生　　全校老师　　全班同学　　全公司的人
特别有趣　　有趣极了　　比那个更有趣　　越听越有趣　　非常有趣

三 选词填空 Fill in the blanks with the right words

为了　　从前　　总是　　的确　　道理
巴不得　　可惜　　其实　　机会　　有趣

❶ 他最近身体不太好，_____感冒。

❷ 做这件事_____有很多困难，但是我们一定要坚持下去。

❸ 如果你发现两个人都穿着一样的衣服，是不是会觉得很_____呢？

❹ 累了一天，他_____好好儿休息一下。

❺ _____，我也帮不上什么忙，只是帮他做一些简单的工作。

❻ 最近_____公司的事情，他经常要去上海出差。

❼ 王师傅的话我都听腻了，不过，有时候仔细想一想，他的话还真是挺有_____的。

❽ 每个人都想找到一份自己喜欢、收入又高的职业，_____的是，这种情况并不多。

❾ 一个很偶然的_____，我和她成了好朋友。

❿ 有一天，我向他谈起_____的那件事，没想到他一点儿都记不起来了。

四 看图说话 | *Talk about the pictures*

1 用"是第一次……吗"完成下面的句子
Complete the following sentences using "是第一次……吗"

跑步

❶ 杰克,你是第一次来操场跑步吗?

❷ 珍妮,_____? 来秀水市场　买东西

参观自然博物馆

❸ 朴龙宇,_____?

❹ 金美英,_____? 打扫卫生间

去美国

❺ 王刚，_____？

2 用"跟……一样"完成下面的句子
Complete the following sentences using "跟……一样"

❶ A：你现在做什么工作？
　 B：我跟从前一样，还在医院工作。

漂亮

❷ A：她妈妈现在怎么样？
　 B：_____。

潞河中学

❸ A：_____？
　 B：不太一样，现在又漂亮又干净。

❹ A：_____？
B：当然不一样了，我现在特别喜欢锻炼身体。

锻炼身体

❺ A：现在中国人怎么过中秋节啊？
B：_____。

吃月饼

五 组句 *Arrange the words or phrases into sentences*

❶ 王刚　很紧张　第一次　外国同学　是　和　所以　聊天儿

_____

❷ 我　公司的　同　喝茶了　中国　一起去　同事　今天下午

_____

❸ 听到　消息　同学们　巴不得　春游的　极了　马上
高兴　出发

_____

❹ 你　去找　的老师　哪里　像她　到　这么好

_____

❺ 很多　喜欢去　买东西　那是　留学生　练习口语的　市场　因为　好机会

_____

❻ 有事　当然　不过　请假　不太好了　是可以的　请假　总是　就

_____

六　听一听，选一选　Listen to the dialogues and choose the correct answers

❶ A 出门了　　　　　　　　B 住院了
　 C 出差了　　　　　　　　D 出院了

❷ A 满意　　　　　　　　　B 同意
　 C 反对　　　　　　　　　D 不相信

❸ A 一起去外面吃饭　　　　B 自己在家里做饭
　 C 让女的不要吃饭　　　　D 让女的回家吃饭

❹ A 王刚肯定考不好　　　　B 王刚肯定考得好
　 C 王刚不一定考得好　　　D 王刚不一定考不好

❺ A 李杰不了解他　　　　　B 他不了解李杰
　 C 他和李杰无法相处　　　D 他和李杰相处得很棒

七　完成句子　*Complete the sentences*

1 用"为了……"完成下面的句子
Complete the following sentences using"为了……"

例：为了学好汉语，我来到了中国。

❶ 为了_____，我一个晚上都没有睡觉。

❷ 为了_____，珍妮坐了一个多小时的地铁，还倒了两趟车。

❸ 为了保持教室卫生，_____。

❹ 为了能够赶上早上的第一趟车，_____。

❺ 为了_____，我一个月都没去吃麦当劳了。

2 用"对……习惯"完成下面的对话
Complete the following dialogues using"对……习惯"

例：A：我对这儿的生活还是不太习惯。
　　B：你都在这儿生活一年多了，怎么还不习惯呢？

❶ A：_____。

B：你不是每天都吃中国菜吗？

❷ A：_____。

B：在中国，中小学生都是早上7：30到学校的。

❸ A：_____。

B：在中国，熟悉的人之间经常说"吃了吗"，就是"你好"的意思。

Lesson 36　第三十六课

❹ A:_____。

B：年轻人的确喜欢边听音乐边学习，这也没什么吧。

❺ A:_____。

B：现在年轻人吃饭也越来越多地采用AA制了。

八 填空，每个空格一个汉字 | Fill in each blank with a Chinese character

丁老师：

您好！

好_____不见了，非常想_____您。_____实，从中学毕业以后，就一直想回去看您，但因为我去了国外，所以总_____没有机_____回学校。前两天见到了中学同学王刚，他告_____了我您的E-mail，所以我马上给您写信。您这几年怎么样？身体还好吗？如果您什么时候来美国旅_____，一定要告诉我。今年_____节的时候，我会去中国，到时候一定去看您。有空儿的时候给我回E-mail。

祝好！

麦克

5月30日

九 活动 Activities

1 查字典，读出下面这首诗。可以问中国同学诗句的意思，也可以自己查字典理解。上课的时候背诵这首诗并解释给全班同学听。

Read the poem below with the help of a Chinese classmate or a dictionary. Recite and interpret the poem to the whole class.

九月九日忆山东兄弟　　王维

独在异乡为异客，每逢佳节倍思亲。
遥知兄弟登高处，遍插茱萸(zhū yú)少一人。

2 圣诞节快要到了，珍妮很想家，很想和家人一起过圣诞节，她想给家人写一封信。如果你是珍妮，你会怎么写呢？请写一篇200字左右的家信。

As Christmas approaches, Jenny becomes homesick and wishes she could spend Christmas with her family, so she wants to write a letter to them. Suppose you are Jenny, what will you write? Write a family letter in about 200 characters.

补充阅读
Supplementary Reading

想家的时候

夜深人静的时候是想家的时候。
想家的时候很甜蜜，
家乡月就抚摸我的头；
想家的时候很美好，
家乡柳就拉着我的手；
想家的时候有泪水，
泪水却伴着那微笑流。
想家的时候啊，更想为家做点儿事，
哪怕离家这么遥远这么久。
想家的时候啊，更想为家做点儿事，
哪怕离家这么遥远这么久。

生词 shēngcí

yè shēn rén jìng	jiāxiāng	fǔmō	liǔ
夜深人静	家乡	抚摸	柳
lèishuǐ	bànzhe	wēixiào	liú
泪水	伴着	微笑	流
nǎpà	yáoyuǎn		
哪怕	遥远		

1 根据歌词内容，回答下面的问题
Answer the following questions based on the words of the song

❶ 为什么夜深人静的时候是想家的时候？

❷ "月"和"柳"可能是指谁？

❸ 为什么流泪的时候还会微笑？

❹ 你觉得可以为家做点儿什么事？

❺ 读完这首歌词，你会想到什么？

2 学唱这首歌
Learn to sing the song

Lesson 37

树上的叶子都红了
shù shang de yè zi dōu hóng le

课文
kèwén

----- 在去教室的路上 On the way to the classroom -----

珍妮：瞧，树上的叶子都红了。

王刚：是啊，已经秋天了。

珍妮：秋天最适合旅游了，你们秋天常常去哪儿玩儿？

王刚：北京人通常喜欢到郊区玩儿，特别是爬香山、看红叶。

珍妮：那我们抽空儿也去吧，最好多叫几个人，热热闹闹的。

王刚：好啊，带着相机，和红叶合个影。

珍妮：我恨不得现在就去。哎呀，我的相机出毛病了。

王刚：你最好赶紧修，再过几天，红叶落了，我们就只能和树枝照相了。

珍妮：嗯，我马上就去修。

在珍妮的宿舍，珍妮从香山回来 In Jenny's dormitory. Jenny is just back from the Fragrant Hill.

金美英：没能和你们一起去香山真可惜。

珍妮：是呀！如果你一块儿来就更有意思了。

金美英：你是和王刚一起去的吗？

珍妮：除了王刚，还有他的几个中国朋友。

金美英：你们是几点到那儿的？

珍妮：大概十点左右。下次最好早一点儿出发，去晚了，人就太多了。

金美英：你们是怎么去的？

珍妮：我们先坐地铁，然后倒了一趟公共汽车。

金美英：这么麻烦啊？香山可够远的。

珍妮：是啊！回来时我们是打车的，因为大家都太累了。

金美英：你们玩儿得怎么样啊？

珍妮：我们边爬山边照相，开心极了。

Lesson 37　第三十七课

金美英：真羡慕你们啊！

珍　妮：有空儿你也应该去香山玩儿玩儿！

金美英：估计得明年了。

珍　妮：那明年我和你一块儿再去一次。

生词 shēngcí — New Words

①	叶子	名	yèzi	leaf
②	适合	动	shìhé	to be appropriate for
③	通常	形	tōngcháng	usually
④	郊区	名	jiāoqū	outskirts
⑤	爬	动	pá	to climb
⑥	抽空儿		chōu kòngr	to manage to find time
	抽	动	chōu	to draw out
⑦	热闹	形	rènao	lively
⑧	合影		hé yǐng	to take a group photo
⑨	恨不得	动	hènbude	to be itching to
⑩	哎呀	叹	āiyā	an interjection used to express surprise or dissatisfaction
⑪	出毛病		chū máobing	to be out of order
	毛病	名	máobing	problem
⑫	赶紧	副	gǎnjǐn	immediately, at once
⑬	修	动	xiū	to repair
⑭	落	动	luò	to fall
⑮	树枝	名	shùzhī	branch
⑯	照相		zhào xiàng	to take a photo

⑰	嗯	叹	ng	an interjection used to indicate affirmative response
⑱	除了	介	chúle	besides
⑲	出发	动	chūfā	to begin a journey
⑳	倒	动	dǎo	to change (buses)
㉑	趟	量	tàng	a measure word for a round trip or for bus or train service
㉒	公共汽车		gōnggòng qìchē	bus
㉓	够	副	gòu	quite, enough
㉔	开心	形	kāixīn	happy
㉕	估计	动	gūjì	to estimate, to reckon

专有名词 zhuānyǒu míngcí — Proper Noun

香山　　Xiāng Shān　　Fragrant Hill

练习 liànxí

补充生词 Supplementary New Words

| xià yǔ | xià xuě | guā fēng | qíng | yīn |
| 下雨 | 下雪 | 刮风 | 晴 | 阴 |

一　写出下面形容词的重叠形式

Turn the following adjectives into their reduplicative forms

例：热闹 —— 热热闹闹

开心——　　　　　　　干净——

仔细——　　　　　　　快乐——

整齐——　　　　　　　漂亮——

Lesson 37　第三十七课

二 读一读，连一连 Read and match

爬　　　　相

看　　　　红叶

合　　　　山

修　　　　车

倒(dǎo)　　影

打　　　　照相机

照　　　　车

三 认一认，读一读 Read the following phrases and expressions

来一趟　　走一趟　　跑一趟　　去一趟　　回一趟

够远的　　够忙的　　够累的　　够美的　　够糊涂的　　够辛苦的

过几天　　过几年　　过几个月　　过几个小时　　过几分钟

四 选词填空 Fill in the blanks with the right words

可惜　赶紧　估计　热闹　通常　适合　有空儿　抽空儿

❶ 我觉得他特别_____当老师。

❷ 明天你_____吗?

❸ 他_____六点钟就起床。

❹ 这几天_____不会下雨。

❺ 如果不舒服的话，要_____去医院。

❻ 今天这儿怎么这么_____?

❼ 他工作很忙,可是还_____学习。

❽ 今天的电影特别有意思,你没去看真_____。

五 看图说话 | Talk about the pictures

1

❶ A：你们是什么时候到的?
B：我们是2008年到的。

（1）10月　（2）5号　（3）星期六　（4）上午　（5）4点

❷ A：你是和谁一起去的?
B：我是和妈妈一起去的。

妈妈

（1）老师　　　（2）朋友　　　（3）同学

❸ A：你们是怎么去的?
B：我们是坐飞机去的。

飞机

（1）坐火车　　（2）骑自行车　　（3）打车　　（4）走路

Lesson 37　第三十七课　　　　　　　　　　　　　　83

❹ A：你是来做什么的？
B：我是来学汉语的。

学汉语

（1）旅行　　（2）买水果　　（3）看电影　　（4）跑步

2

❶ 天热了。　　❷　　❸

❹　　❺　　❻

六　组句　Arrange the words or phrases into sentences

❶ 从韩国　的　他们　来　是

_____

❷ 看　有空儿　一定　我　再　你　去

_____

❸ 我们　他　最好　早点儿　告诉　这件事

_____

❹ 看爸爸妈妈　星期天　通常　回家　我们　要

_____

❺ 车　趟　我们　倒了　三　找到　才　这儿

_____

七　完成句子　Complete the sentences

1　用"最好"完成下面的句子
Complete the following sentences using "最好"

例：如果不舒服，最好去医院看医生。

❶ 要下雨了，最好_____。

❷ 明天考试，最好_____。

❸ 他今天休息，你最好_____。

❹ 这么晚了，最好_____。

❺ 明天我们七点出发，你最好_____。

2　用"除了……，还/也/只……"完成下面的句子
Complete the following sentences using "除了……，还/也/只……"

例：她每天除了上班，还要学习。

❶ 除了英语，她还_____。

❷ 除了去香山，我还_____。

❸ 除了游泳，我也_____。

❹ 除了苹果，我只_____。

3 用"特别是"完成下面的句子
Complete the following sentences using "特别是"

例：我喜欢吃中餐，特别是四川菜。

① 他喜欢运动，特别是_____。

② 我想去南方旅行，特别是_____。

③ 他的汉语非常好，特别是_____。

④ 你买的衣服都很漂亮，特别是_____。

八 听一听，选一选 Listen to the dialogues and choose the correct answers

① A 有事
B 生病了
C 车坏了

② A 她明天没有时间，不能去
B 她明天有时间就去，没时间就不去了
C 她明天找时间去

③ A 很希望明天考试
B 不希望明天考试
C 明天考试，他很生气

④ A 一趟车
B 两趟车
C 三趟车

⑤ A 女的觉得男的很忙，让他多休息
B 女的觉得男的不太忙，可以休息了
C 男的走了，女的很生气

九 填空，每个空格一个汉字 | Fill in each blank with a Chinese character

星期天，我和朋友们一起去北京郊_____玩儿。我们早上6点半就_____发了。一路上大家说说笑笑，热_____极了。可_____的是，我的相机坏了，没能给大家_____相。

十 活动 | Activities

1 说变化。介绍自己的一个朋友、同学或者老师，说一说他或者她的变化。

Talk about changes. Introduce one of your friends, classmates or teachers and say something about his or her changes.

例：她高了。

她胖了。

她的头发长了。

她漂亮了。

……

2 向同学介绍自己的一次旅行或参加的一个活动。内容可以包括：

Introduce to your classmates a trip you took or an activity you participated in. Major points may include:

❶ 你是什么时候去的?

❷ 你是和谁一起去的?

❸ 你是怎么去的?

补充阅读 Supplementary Reading

香山红叶

香山位于北京的西山,说起香山,人们首先想到的就是香山红叶。

每年一到秋天,香山的树叶就全都变红了,非常漂亮。所以,爬香山、看红叶已经成为北京秋游最好的活动。每年的"香山红叶节"还会举办各种各样的活动呢!

观赏香山红叶的最好时间是10月下旬到11月上旬。因为这时候天气越来越冷,白天夜晚的温差也越来越大,温差越大越有利于树叶变红。

香山公园的门票是10元,去那儿可以坐公共汽车,318、333、360、904路公共汽车都能到达香山。

今年秋天,你也去看看红叶吧!

生词 shēngcí

wèiyú 位于	Xī Shān 西山	qiūyóu 秋游	gè zhǒng gè yàng 各种各样
guānshǎng 观赏	xiàxún 下旬	shàngxún 上旬	wēnchā 温差
yǒulì yú 有利于	ménpiào 门票		

根据文章内容,回答下面的问题
Answer the following questions based on the reading passage

1. 香山位于北京的什么地方?

2. 秋天,北京人喜欢去香山做什么?

3. 香山红叶为什么在10月下旬前后变红?

4. 观赏香山红叶的最好季节是什么时候?如果11月5日去香山,能观赏到红叶吗?

Lesson 38

今天的比赛一定精彩得很
jīn tiān de bǐ sài yí dìng jīng cǎi de hěn

课文 kèwén

---- 在学校的活动室 In the Activity Room of the school ----

朴龙宇：快换体育频道，篮球赛就要开始了，今天的比赛一定精彩得很。

杰　克：怎么不早说！我还以为得半个小时以后呢！哪个台？

金美英：别换台，我还要看这个电视剧呢！

朴龙宇：求你了，今天可是最重要的一场比赛啊！

杰　克：我请客，请你们吃薯片、喝可乐。让我们看比赛，好不好？

珍　妮：不错，喝着可乐看电视，我同意。

金美英：不行，我不吃薯片，我怕胖。

朴龙宇：那我们请你们吃饭，好吗？

金美英：你们少看一次比赛不行吗？看重播不是一样吗？

杰　克：这又不是看电影。看比赛一定要看直播才有意思。

珍　妮：这样吧，金美英，让他们看吧，我们少看一集也没什么关系。

朴龙宇：我们请你们吃晚饭，你们选地方，行不行？

金美英：好吧，你们看吧。别忘了请我们吃饭，不许骗我们哦。

杰　克：一言为定。

篮球赛后 After a basketball match

王　刚：你们好！干什么呢？

金美英：我们刚看完篮球比赛，正准备回教室呢。

王　刚：是吗？谁对谁啊？

珍　妮：外国学生对高一年级。

王　刚：最后谁赢了？

金美英：当然是我们了！68 比 60，比他们多了 8 分。

王　刚：朴龙宇，你上场了吗？

朴龙宇：上了，我还投中了好几个球呢！

珍　妮：别站着说话了，快走吧，回去还得写作业呢。

王　刚：下次你们比赛别忘了告诉我，我去给你们加油。

生词 shēngcí　　New Words

1	精彩	形	jīngcǎi	wonderful
2	换	动	huàn	to change
3	频道	名	píndào	channel
4	就要		jiù yào	to be about to
5	台	名	tái	channel
6	电视剧	名	diànshìjù	TV play
7	求	动	qiú	to beg
8	请客		qǐng kè	to stand treat
9	薯片	名	shǔpiàn	potato chips
10	同意	动	tóngyì	to agree
11	胖	形	pàng	fat
12	重播	动	chóngbō	to rebroadcast
13	直播	动	zhíbō	to telecast live
14	集	量	jí	episode (of a TV play)
15	关系	名	guānxi	importance, influence
16	晚饭	名	wǎnfàn	dinner, supper
17	不许	动	bùxǔ	must not
18	骗	动	piàn	to lie, to cheat
19	一言为定		yì yán wéi dìng	it's a deal

㉑	外国	名	wàiguó	foreign country
㉑	最后	名	zuìhòu	at last
㉒	赢	动	yíng	to win
㉓	上场		shàng chǎng	to enter the court or field
㉔	投中	动	tóuzhòng	to make a goal
㉕	好几	数	hǎojǐ	several
㉖	站	动	zhàn	to stand
㉗	作业	名	zuòyè	homework
㉘	加油		jiā yóu	to cheer on

练习 liànxí

补充生词 Supplementary New Words

chénggōng	dēng	xíngli	huǒguō	wǔshù	juésài
成功	灯	行李	火锅	武术	决赛
shuǐpíng	xuǎnshǒu	guànjūn	dǎ dǔ	shū	
水平	选手	冠军	打赌	输	

一 读一读，连一连 Read and match

换
　　　　衣服
　　　　频道
　　　　台
　　　　工作
　　　　时间
骗
　　　　人
　　　　姐姐
　　　　老师
　　　　父母
　　　　同学

二 认一认，读一读 Read the following expressions

精彩得很　有趣得很　高兴得很　糊涂得很　危险得很

喝着可乐看电视　吃着汉堡看电影　带着相机去香山　穿着滑雪服滑雪

少看一次电视　少吃一顿饭　少买几件衣服　少花点儿钱

刚看完篮球赛　刚写完作业　刚上完网　刚请完客

给你们加油　给王刚加油　给中国队加油　给篮球队加油

三 选词填空 Fill in the blanks with the right words or phrases

精彩　就要　求　请客　同意　不许
最后　赢　一言为定

① 这是我的意见，你们_____吗？

② 上课的时候_____吃东西。

③ 昨天晚上你们的表演真是太_____了，什么时候再演一次啊？

④ 我爸爸这次来上海出差只待几天，明天_____离开了。

⑤ 小龙，今天这场篮球赛我们班能不能_____都看你了！

⑥ 你帮了我这么大的忙，为了谢谢你，今晚我_____，你选饭店，怎么样？

⑦ 他试了好几次，_____终于成功了。

⑧ 既然这件事你自己可以做，就不要_____别人了。

⑨ A：暑假我们一起去旅游吧。

　　B：好啊，_____。

四 看图说话 Talk about the pictures

1

❶ 杰克的个子高得很。

❷ 衣服　贵

❸ 韩国菜　辣

❹ 北京的夏天　热

❺ 朴龙宇打篮球　厉害

❻ 西瓜　便宜

❼ 电影　有趣

2

❶ A：小刚，别听音乐了，赶快写作业吧。
　 B：我喜欢听着音乐写作业。

看电视
吃饭

站
唱歌

❷ A：你别边吃饭边看电视。
　 B：_____。

❸ A：你怎么一直站着？
　 B：_____。

开灯
看电视

弹吉他
表演节目

❹ A：你为什么不开灯啊？
　 B：_____。

❺ A：圣诞节的晚会你准备表演什么？
　 B：_____。

五 组句 Arrange the words or phrases into sentences

1. 演唱会　开始了　换　就要　音乐频道　赶快
   _____

2. 朴龙宇　喜欢　节目　表演　吉他　弹着　最
   _____

3. 你　不行吗　少　多　吃点儿　吃点儿　肉　菜
   _____

4. 杰克　他正　收拾行李　没空儿　回国呢　现在　准备
   _____

5. 火锅　热的　才　吃　好吃　时候　一定要
   _____

6. 他们　准备　韩国菜　宿舍呢　回　正　刚吃完
   _____

六 听一听，选一选 Listen to the dialogues and choose the correct answers

1. A 她不会告诉男的　　　B 这个作业她也不明白
   C 她也没办法帮男的　　D 男的应该自己想办法

2. A 可以找他帮忙　　　　B 找不找都可以
   C 不能相信　　　　　　D 可以相信

3. A 心里不高兴　　　　　B 不得不离开
   C 不太想离开　　　　　D 心里很高兴

4. A 教室里　　　　　　　B 汽车里
   C 楼下　　　　　　　　D 楼上

5. A 老师不太好　　　　　B 自己学不好
   C 自己不想学　　　　　D 老师不想教

七 完成句子 Complete the sentences

1 用"少……"完成下面的句子
Complete the following sentences using "少……"

例：金美英，教室不太脏，我们少打扫一次不行吗？

❶ 老师，今天我们刚踢完足球，太累了，_____。

❷ 小刚，妈妈现在没时间做饭，_____。

❸ 杰克，_____，珍妮都生气了。

❹ _____，现在很多课都听不太懂了。

❺ _____，今天外面的天气挺热的。

2 用"刚……，正……"完成下面的对话
Complete the following dialogues using "刚……，正……"

例：A：杰克，你在干什么呢？我们一起去打篮球吧。
　　B：我刚写完作业，正准备去操场呢。

❶ A：你怎么还在教室呢？王老师都在办公室等了你半个小时了。
　　B：_____。

❷ A：妈妈，我的衬衣洗完了吗？
　　B：_____。

❸ A：我都饿死了，我们什么时候才能吃饭啊？
　　B：_____。

❹ A：朴龙宇，你的作业呢？我要给丁老师送到办公室去。
　　B：等一下，_____。

Lesson 38　第三十八课

八 填空，每个空格一个汉字 Fill in each blank with a Chinese character

"加_____！"一场_____彩的武术比赛正在紧张地进行着。我们五个人坐在电视机旁边，看着体育_____道的现场直_____。因为太紧张，所以手心里都是汗。这场是决赛，北京队_____上海队，两个队的水平差不多。比赛中，每个队有五名选手参加，如果有三名选手_____了，那么这个队就是冠军。现在比分是2_____2，是_____紧张的时候，我们都不敢说话，谁也不知道最_____的冠军是谁。不过，我们五个人打了赌，谁输了就请大家吃_____片。

九 活动 Activities

1 介绍一次你参加过的比赛。
Tell about a match that you have participated in.

要求：可以介绍篮球赛、足球赛、排球赛、乒乓球赛、羽毛球赛等。要有时间、地点、参加的人、过程和比赛结果。

Requirements: You may tell about a basketball, football, volleyball, table tennis or badminton match, telling the time, place, players, process and result of the match.

2 如果今天电视上有你很想看的体育比赛，但是你妈妈想看电视剧，你应该怎么说才能让妈妈不看电视剧，而让你看比赛呢？

There may be a match on TV which you are eager to watch this evening. However, your mother may want to watch a TV play. How can you persuade your mother to give in and let you watch the game?

补充阅读 Supplementary Reading

羽毛球赛

今天是周三，我们每周三的第五节课都是体育课，这是我最兴奋的时候。今天，老师发了羽毛球和羽毛球拍让我们玩儿，我高兴极了！我是第一个拿到球和球拍的。因为我平时就喜欢打羽毛球，打得还不错，所以好多同学都想和我一起打球。我同意了。我们决定比赛，赢的人可以继续玩儿，输的人就不能玩儿了，大家都觉得这个主意不错。我先发球，对面的同学没有接住。我先后发了五个球，他都没有接住，5比0，我赢了，该换人了。我又跟其他同学打了几局，都是我赢。我觉得总是赢没意思，就跑到其他组去玩儿。这一组真厉害，我和一位同学打了四局也分不出胜负。我们打球的时候，女生还组成了拉拉队，她们大声喊着："加油！加油！"我们又打了三局，我终于赢了。今天我实在是太开心了！

生词 shēngcí

qiúpāi	juédìng	fā qiú	jiēzhù
球拍	决定	发球	接住

xiānhòu	jú	zǔ	fē bu chū
先后	局	组	分不出

shèngfù	lāladuì	hǎn	shízài
胜负	拉拉队	喊	实在

根据文章内容，回答下面的问题

Answer the following questions based on the reading passage

① "我们"什么时候上体育课？

② "我"为什么高兴极了？

③ 同学们为什么都要和"我"一起打球？

④ "我"是怎么赢的比赛？

⑤ "我"为什么要跑到其他组去玩儿？

⑥ 那一组打得怎么样？

⑦ 最后"我"为什么那么开心？

Lesson 39

我的自行车被偷走了
wǒ de zì xíng chē bèi tōu zǒu le

课文 kèwén

------ 在办公室 In the office ------

丁老师：杰克，你怎么了？一脸不高兴。

杰　克：真倒霉，我新买的自行车丢了！

丁老师：好好儿想想，是不是被同学借走了？

杰　克：我自己还没骑过呢，怎么会被借走呢？十有八九是被小偷给偷走了。

丁老师：你放哪儿了？

杰　克：就放宿舍楼下了。昨天晚上我还看了一眼呢，谁知道早上就没了。

丁老师：你有没有去别的地方找找？

杰　克：宿舍周围我都找过了，没找着。

丁老师：既然已经丢了，着急也没用，还是贴张寻物启事吧。

杰　克：还有别的办法吗?

丁老师：你也可以去保安室问问。

---- 在保安室 In the Security Office ----

保　安：你的自行车是什么样子的?

杰　克：银色的捷安特,刚买的,锁是红色的。

保　安：等一下,我查一下记录本。

（过了两分钟 After two minutes）

保　安：你的自行车没丢,是叫我们搬到专门停放自行车的地方了。

杰　克：为什么我的自行车给搬走了?

保　安：根据学校的规定,宿舍楼门口不可以放自行车。

杰　克：真不好意思,我不知道,下次一定注意。

（找到自行车后,杰克兴奋地来到办公室 Jack came to the office excitedly after he found the bike）

丁老师：杰克,自行车找到了吧?一看你高兴的样子就知道了。

杰　克：对啊,自行车让保安搬走了。

Lesson 39　第三十九课

丁老师：为什么啊？到底是怎么回事儿？

杰克：因为宿舍楼前不准随便停放自行车。

丁老师：你呀，下次可得注意，不能乱放。

生词 shēngcí — New Words

#	词	词性	拼音	英文
1	被	介	bèi	by (the passive voice marker)
2	偷	动	tōu	to steal
3	倒霉	形	dǎoméi	unlucky
4	十有八九		shí yǒu bā jiǔ	in all probability
5	小偷	名	xiǎotōu	thief
6	眼	量	yǎn	look (a measure word)
7	周围	名	zhōuwéi	surrounding
8	寻物启事		xún wù qǐshì	lost notice
9	办法	名	bànfǎ	method, way
10	保安	名	bǎo'ān	security guard
11	银色	名	yínsè	silver
12	锁	名/动	suǒ	lock; to lock
13	查	动	chá	to check
14	记录	动	jìlù	to record
15	叫	介	jiào	by (indicating passive voice)
16	搬	动	bān	to move
17	专门	副	zhuānmén	specially
18	停放	动	tíngfàng	to park
19	根据	介	gēnjù	according to

㉑	规定	名	guīdìng	rule
㉑	兴奋	形	xīngfèn	excited
㉒	地	助	de	an auxiliary particle used after an adjective or a phrase to form an adverbial adjunct before the verb
㉓	让	介	ràng	by (indicating passive voice)
㉔	到底	副	dàodǐ	on earth
㉕	准	动	zhǔn	to permit
㉖	随便	形	suíbiàn	doing as one pleases
㉗	乱	副	luàn	disorderly, at random

专有名词 zhuānyǒu míngcí — Proper Noun

捷安特　　　　Jié'āntè　　　　Giant, a brand name of bikes

练习 liànxí

补充生词 Supplementary New Words

fǔdǎo　　zhāo shǒu
辅导　　　招　手

一 在横线上填上恰当的动词 Fill in the blanks with proper verbs

高兴地＿＿＿＿＿＿　　　难过地＿＿＿＿＿＿

大声地＿＿＿＿＿＿　　　开心地＿＿＿＿＿＿

认真地＿＿＿＿＿＿　　　兴奋地＿＿＿＿＿＿

Lesson 39　第三十九课

二 读一读，连一连 Read and match

贴　　　　钱
锁　　　　人
查　　　　自行车
搬　　　　门
找　　　　寻物启事
停放　　　家
丢　　　　记录本

三 认一认，读一读 Read the following expressions

睡着了　买着了　打着了　听着了　看着了　猜着了
看了一眼　吃了一口　踢了一脚　听了一耳朵
喝了一杯　画了一笔　落了一地　摆了一桌子

四 选词填空 Fill in the blanks with the right words

到底　准　根据　专门　随便　既然　兴奋　规定

1. 他知道自己的考试成绩后很_____。
2. 妈妈是_____来看我的。
3. 告诉我，你_____哪儿不舒服？
4. _____天气预报，今天晚上有大雨。
5. _____已经同意了，就不能后悔。
6. 我_____吃点儿就得走。
7. 这么多_____，真麻烦！
8. 明天8点出发，不_____迟到！

五 看图说话 Talk about the pictures

❶ 他的帽子被风吹跑了。

❷ 选为班长

❸ 锁在门外

❹ 送进医院

❺ 借走

❻ 打破

六　组句　Arrange the words or phrases into sentences

1. 了　走　让　我的自行车　骑　给　他
   _____

2. 锁　被　了　在　我　门外
   _____

3. 不要　跑　的时候　千万　随便　出去玩儿　乱
   _____

4. 他　看见我　向我　过来　高兴地　跑　一　就
   _____

5. 看你　兴奋　样子　一　的　脸
   _____

七　完成句子　Complete the sentences

1 用"一……就……"完成下面的句子
Complete the following sentences using "一……就……"

例：她一看见我就高兴地笑了。

1. 他一进门就_____。
2. 他一上床就_____。
3. 闹钟一响，我就_____。
4. 老师一说，我就_____。

2 用"既然……就/也/还……"完成下面的句子

Complete the following sentences using "既然……就/也/还……"

例：既然你不去，我也不去。

❶ 既然你一定要去，_____。

❷ 既然他已经知道错了，_____。

❸ 既然累了，_____。

❹ 既然这样，_____？

3 用"还是"完成下面的句子

Complete the following sentences using "还是"

例：太晚了，我们还是回家吧。

❶ 我饿了，还是_____。

❷ 今天挺冷的，还是_____。

❸ 这件衣服太贵了，还是_____。

❹ 我妈妈昨天有点儿不舒服，还是_____。

4 用"不准"完成下面的句子

Complete the following sentences using "不准"

没有写完作业，不准看电视。上课时，不准_____，不准_____，不准_____，不准_____。

Lesson 39　第三十九课

5 把下面的句子改成被动句

Turn the sentences into passive voice

例：同学借走了我的自行车。——→
　　我的自行车被同学给借走了。

❶ 小偷偷走了我的自行车。——→
　　_____

❷ 他搬走了我的桌子。——→
　　_____

❸ 弟弟弄坏了我的相机。——→
　　_____

❹ 他们弄脏了教室。——→
　　_____

八　听一听，选一选 Listen to the dialogues and choose the correct answers

❶　A 那个女孩儿肯定不是老师的女儿
　　B 那个女孩儿肯定是老师的女儿
　　C 那个女孩儿可能是老师的女儿

❷　A 没什么
　　B 很不好
　　C 应该回家拿

❸　A 大家都不知道笔记本在哪儿
　　B 女的也想知道笔记本在哪儿
　　C 女的知道笔记本在哪儿，但不告诉男的

④ A 记录本丢了
　B 东西太乱了
　C 东西随便放

⑤ A 女的
　B 女的的朋友
　C 女朋友

九 填空，每个空格一个汉字　Fill in each blank with a Chinese character

星期天，我去一个大学上辅导课。到教室的时候，已经有很多人了，我只好随_____找了个地方坐下。"对不起，这儿已经有人了。"一个女孩对我说。我看看_____围，到处都是人，怎么办呢？我没有办_____了。正在_____急的时候，我听见有人叫我的名字，回头一看，是我的一个朋友在向我招手。我很高兴，兴_____地向她跑去。

十 活动　Activities

1　李玉星期一上午在学校操场玩儿的时候，把书包弄丢了，里面有书、钱包、笔袋、一件红色的运动服。请模仿下面的寻物启事，帮李玉写一个寻物启事。请拾到者把书包交到学校办公室，李玉的电话是13611259049。

Li Yu lost her schoolbag when playing on the school playground this Monday morning. In the schoolbag, there were books, a purse, a pencil bag and a red sport sweater. Follow the example below and write a lost notice for Li Yu, asking the finder to hand in the schoolbag to the school office. Li Yu's telephone number: 13611259049.

寻物启事

4月28日，本人在食堂不慎将钱包丢失，内有人民币若干元，居留证一个，钥匙一串。拾到者请通知本人前去认领，非常感谢！

手机：13791318321。

马克

4月29日

2 你们学校有哪些规定？请把它们写下来，完成下面的句子。

Which rules does your school have? Write them down and complete the following sentences.

根据学校的规定，_____；

_____；

_____；

_____；

_____。

补 充 阅 读
Supplementary Reading

有一次，我在机场传送带前等行李的时候，发现背包被打开了，里面的护照不见了。我很着急，找到警察，警察却一点儿都不着急。他笑着告诉我，在这个机场偷东西的小偷，只偷钱，不偷护照。如果错偷了护照，他会想办法马上放回你的包里，或者你肯定能发现的地方。我觉得这肯定不是真的，但也没有别的办法，只好回到传送带前。过了十多分钟，我把手再次伸进背包里，果然摸到了我的护照。我真有点儿感激这个小偷了。然而，我高兴得太早了。当我准备离开机场去饭店的时候，一摸裤兜，发现塞在里面的钱包不见了。

生词 shēngcí

jīchǎng	chuánsòngdài	fāxiàn	bēibāo	shēn
机场	传送带	发现	背包	伸
mō	gǎnjī	líkāi	kùdōu	sāi
摸	感激	离开	裤兜	塞

根据文章内容，回答下面的问题
Answer the questions based on the reading passage

❶ "我"的护照怎么了？

❷ 小偷偷了护照后会怎么办？

❸ "我"的护照丢了吗？

❹ "我"丢什么了？

Lesson 40

信给退回来了
xìn gěi tuì hui lai le

课文 kèwén

----- 中午，在宿舍 At noon and in the dormitory -----

珍 妮：金美英，我先走了。

金美英：太阳从西边出来了，这么早就去上课啊！

珍 妮：我得去一趟邮局，我的信给退回来了。

金美英：怪不得这么早就走呢。信为什么给退回来了？

珍 妮：好像邮费涨了，邮资不够。

金美英：你也真是，连贴多少钱邮票都没搞清楚。

珍 妮：好久不寄信了，哪儿知道该贴多少钱邮票啊！

金美英：你再贴张邮票，塞进校门口的信箱里就行了。

珍 妮：我没有邮票了，得去邮局买几张。

金美英：学校的小超市就有邮票卖。

珍 妮：我还给父母买了些东西，顺便寄回家去。

金美英：能不能顺便给我买两张明信片回来？

珍　妮：没问题。

---- 在宿舍 In the dormitory ----

珍　妮：喂，金美英，你还在宿舍吗？

金美英：我正准备去上课呢，你在哪儿呢？

珍　妮：我就在楼下，刚才忙着去邮局，忘记带书了。

金美英：你别跑上来了，我帮你带下去吧。

珍　妮：谢谢，你看我，一着急就忘事儿。

金美英：客气什么？快告诉我书放哪儿了。

珍　妮：我放在左边第二层书架上了。

金美英：第二层……没有啊。

珍　妮：那还是我上去一趟吧。

金美英：不用，我再找找看。……哦，找到了，刚才找错地方了。

珍　妮：那你就帮我扔下来吧。

金美英：我还是帮你带下去吧，你等我一下。

Lesson 40　第四十课

珍妮：今天天挺冷的，你最好戴上帽子。

金美英：好的。

生词 shēngcí New Words

①	信	名	xìn	letter
②	退	动	tuì	to send back
③	邮局	名	yóujú	post office
④	怪不得	副	guàibude	no wonder
⑤	好像	副	hǎoxiàng	It seems...
⑥	邮费	名	yóufèi	postage
⑦	涨	动	zhǎng	to rise
⑧	邮资	名	yóuzī	postage
⑨	真是	动	zhēnshi	(used in a complaint) indeed, really
⑩	连	介	lián	even
⑪	贴	动	tiē	to paste
⑫	邮票	名	yóupiào	stamp
⑬	搞	动	gǎo	to make
⑭	清楚	形	qīngchu	clear
⑮	久	形	jiǔ	long time
⑯	寄	动	jì	to mail
⑰	该	助动	gāi	should
⑱	塞	动	sāi	to fill or squeeze in, to stuff
⑲	信箱	名	xìnxiāng	mailbox
⑳	明信片	名	míngxìnpiàn	postcard
㉑	忘记	动	wàngjì	to forget
㉒	左边	名	zuǒbian	left (side)

㉓ 层	量	céng	tier, floor, etc. (a measure word)
㉔ 扔	动	rēng	to throw
㉕ 找	动	zhǎo	to look for
㉖ 上	动	shàng	used after a verb indicating that an aim has been achieved

练习 liànxí

补充生词 Supplementary New Words

piào	bāoguǒ	tǎoyàn	shuāishāng	diàntī	lóutī
票	包裹	讨厌	摔伤	电梯	楼梯

táng cù lǐ jǐ	zhíde	ānquán
糖 醋 里 脊	值得	安全

一 读一读，连一连 Read and match

退　　　　　钱
　　　　　　火车票
　　　　　　东西
　　　　　　手机
　　　　　　电脑
寄　　　　　信
　　　　　　包裹
　　　　　　书
　　　　　　礼物
　　　　　　明信片

二 认一认，读一读 Read the following expressions

连去哪儿都不知道　连老师都不会　连小孩都可以　连书都丢了
好久不见了　好久没去你家了　好久没来学校了　好久没逛商店了
寄回家去　跑回教室去　走回学校来　退回公司来
一上课就说话　一回宿舍就睡觉　一看见你就高兴　一不打扫就乱
客气什么　知道什么　好看什么　漂亮什么

三 选词填空 Fill in the blanks with the right words

1　怪不得　好像　涨　真是　清楚
　　塞　忘记　扔　连　贴

① 你也_____，我好不容易坐了三个小时车才到你家，你却出去了。

② _____你想当厨师呢，原来是因为你喜欢吃啊！

③ 他最近工作的确是太忙了，有时候_____吃饭的时间都没有。

④ 路已经问_____了，我们赶快走吧。

⑤ 我和他是多年的好朋友，他的生日我当然不会_____。

⑥ 有些人总是乱_____垃圾，真是太讨厌了。

⑦ 听说最近菜价_____了，但是我没觉得和以前有什么不一样啊。

⑧ 我也不知道这个苹果是谁_____进你书包里的，你去问问别人吧。

⑨ 一场大雨过后，朴龙宇的衣服都_____在身上了，全身都是水。

⑩ 虽然我们才两年多没见面，但是我觉得_____很多年都没见了。

2　上来　上去　下来　下去　回来　回去

❶ 今天，我去了一趟书店，买_____一本词典_____。

❷ 我姑姑去了美国，她从美国寄_____很多杂志。

❸ 昨天我们去爬香山，用了半个多小时才爬_____。从上面往下看，真是漂亮极了！

❹ 他不小心从桌子上摔_____了，腿给摔伤了。

❺ 你不用_____宿舍_____了，我帮你把书带到教室去吧。

❻ 你的行李现在不在我们办公室，王丽已经帮你拿_____家_____了。

❼ 爸爸从日本给我带_____一件礼物，非常好看，我特别喜欢。

❽ 小王啊，你正好在楼下，我有一个包裹在楼下，你帮我拿_____，好吗？

❾ 珍妮，你在这儿等我一下，我_____拿件衣服。今天可真够冷的！

❿ 真倒霉，电梯停电了，我只好从楼梯走_____了。

四 看图说话 | Talk about the pictures

1 用"一……就……"完成下面的句子
Complete the following sentences using "一……就……"

❶ 他一喝酒就脸红。

❷ 进教室　和朴龙宇说话

❸ 去麦当劳　喝可乐

❹ 到周末　去吃韩国菜

❺ 看电视　想睡觉

❻ 出去　打车

❼ 过圣诞节　回国

2 用"连……都……"完成下面的对话

Complete the following dialogues using "连……都……"

❶ A：杰克，你那儿有朴龙宇的电话吗？

B：你也真是，连他的电话都不知道。

❷ A：杰克，我要买电话卡，借我五十块钱，好吗？

B：_____。
（五十块钱）

❸ A：_____。
（这么贵的衣服）

B：我也没想到这件衣服这么贵啊！

❹ A：_____。
（考试的时间）

B：我以为是今天上午9点考试呢。

❺ A：_____。
（做菜）

B：在我家，每天都是妈妈做菜，我从来没做过。

Lesson 40　第四十课

五 组句 Arrange the words or phrases into sentences

1. 怪不得　吃泡菜呢　韩国来的　原来　从　那么喜欢　他是

2. 你妈妈　你都　连衣服　不让　都　这么大了　你洗　也真是的

3. 我　也　该　吃西餐　什么菜啊　点　哪知道　不常

4. 打电话说　刚才　他今天晚上　不回家　爸爸　吃饭了

5. 行李　王刚　去了　拿进　被　他那儿　你去　教室　取吧

6. 我自己　一吃　肚子疼　为什么　就　也不知道　糖醋里脊

六 听一听，选一选 Listen to the dialogues and choose the correct answers

1. A 他可能不玩儿了　　B 他不可能再玩儿
   C 他不可能不玩儿　　D 他可能还会玩儿

2. A 很伤心　B 很麻烦　C 很开心　D 很头疼

3. A 还不错　B 非常棒　C 很一般　D 不太好

4. A 便宜的东西都不好，好的东西都不便宜
   B 便宜的东西都不好，好的东西不都便宜
   C 便宜的东西都不好，不好的东西都便宜
   D 贵的东西不一定好，好的东西不一定贵

5. A 小玉很少不去上课　　B 小玉三天没去上课
   C 小玉有时候不上课　　D 小玉经常不去上课

七 填空，每个空格一个汉字 | Fill in each blank with a Chinese character

下星期三是圣诞_____，我要和朋友杰克一起去上海_____行。现在中国的年轻人也都很喜欢在这一天出去玩儿。其实，我们想去更远的地方，但是钱不_____，只好去近一点儿的地方了。

今天，我去邮_____给家人_____了一些明_____片，还有一个包裹，是一些介绍中国的书。邮_____很贵，一共花了700多块钱，但是爸爸妈妈很喜欢书，多花一点儿钱也是值得的。

中午_____宿舍以后，我给妈妈打了一个电话。因为好_____都没有给妈妈打电话了，所以妈妈有些生气，我答应妈妈以后每个星期都会给家里打电话。我告诉妈妈，下个星期我要去上海，妈妈很高兴，让我注_____安全。

八 活动 | Activities

1 每人选择五位同学，用"太阳从西边出来了"说一说他们做的让你惊讶的事。

Choose five of your classmates and use the idiom "太阳从西边出来了" to talk about the things they did that have surprised you.

例：太阳从西边出来了，你这么早就去图书馆啊！

九 古诗 An ancient poem

山居秋暝

王维

空山新雨后，天气晚来秋。
明月松间照，清泉石上流。
竹喧归浣女，莲动下渔舟。
随意春芳歇，王孙自可留。

补充阅读 Supplementary Reading

我的家庭

每个人都有家。我们大家生活在那里，并从那里得到温暖。我家有六口人，爷爷、奶奶、爸爸、妈妈、妹妹，还有我。我们在一起幸福地生活着，我们家有许多有趣的故事，特别是爸爸妈妈。

我爸爸工作很认真。他是一名货车司机，他总是尽自己最大的努力去搬运每一车的东西。有时候，他工作太认真，连吃饭的时间都忘了。

我妈妈是一个记性很不好的人。她总是做很多家务活儿，但有时却因为粗心而做错事。比如有一天，她用洗衣机洗衣服，最后却发现自己忘了在洗衣机里放水！

现在让我告诉你一件有趣的事。一天，爸爸想像平时一样早起，但是由于他的闹钟没响，所以起晚了。起床后，他匆匆忙忙地刷牙洗脸，然后就去上班了。爸爸离开后，妈妈神秘地对我说："过一会儿，他一定会回来的。""为什么？"我十分惊讶。"因为今天是星期天，他休息。"妈妈说完不一会儿，爸爸就回来了，并且马上上床睡觉——因为他太累了。

你瞧，多么有趣的家庭！我希望你也有一个像我一样的家庭。

生词 shēngcí

wēnnuǎn 温暖	huòchē 货车	bānyùn 搬运	jìxing 记性	jiāwùhuór 家务活儿
bǐrú 比如	cōngcōngmángmáng 匆匆忙忙	shénmì 神秘	jīngyà 惊讶	

1 根据文章内容，回答下面的问题

Answer the following questions based on the reading passage

① 作者在文章中介绍了几个人的事？

② 爸爸有时候为什么会忘记吃饭？

③ 妈妈有什么毛病？

④ 那一天，爸爸为什么没有早早起床？

⑤ 妈妈怎么知道爸爸会马上回来的？

⑥ 爸爸回来了吗？

2 模仿这篇文章，介绍一下你的家庭和一两件有趣的事

Following the passage, tell about your family and something interesting about it

生词总表
Vocabulary

A

阿姨	名	āyí	auntie	33
哎呀	叹	āiyā	an interjection used to express surprise or dissatisfaction	37
按（照）	介	àn (zhào)	according to	32
按时	副	ànshí	on time, punctually	32
熬	动	áo	to stay up	35

B

八成	副	bāchéng	most probably	33
巴不得	动	bābude	to be only too eager to do something	36
白色	名	báisè	white	31
摆	动	bǎi	to put, to place	32
摆放	动	bǎifàng	to arrange in good order	32
搬	动	bān	to move	39
办法	名	bànfǎ	method, way	39
保安	名	bǎo'ān	security guard	39
保持	动	bǎochí	to keep	31
被	介	bèi	by (*the passive voice marker*)	39
本来	副	běnlái	at first	33
比	介	bǐ	than	33
遍	量	biàn	time (*a measure word for actions, denoting an action from beginning to end*)	31
表	名	biǎo	watch	32
不但……而且……		búdàn……érqiě……	not only...but also...	32
不是……而是……		bú shì……ér shì……	not...but...	34
不如	动	bùrú	not as...as	35
不许	动	bùxǔ	must not	38

C

擦	动	cā	to wipe	32
层	量	céng	tier, floor, etc. (*a measure word*)	40
查	动	chá	to check	39
趁	介	chèn	taking advantage of	32
重播	动	chóngbō	to rebroadcast	38

Vocabulary

抽	动	chōu	to draw out	37
抽空儿		chōu kòngr	to manage to find time	37
出发	动	chūfā	to begin a journey	37
出毛病		chū máobing	to be out of order	37
出租车	名	chūzūchē	taxi	33
除了	介	chúle	besides	37
窗台	名	chuāngtái	windowsill	32
春节	名	Chūn Jié	Spring Festival	36
从前	名	cóngqián	past	36

D

打扫	动	dǎsǎo	to clean, to sweep	32
大声		dà shēng	aloud	31
戴	动	dài	to wear	31
但是	连	dànshì	but	33
倒	动	dǎo	to change (buses)	37
倒霉	形	dǎoméi	unlucky	39
到底	副	dàodǐ	on earth	39
倒	动	dào	to empty	32
道理	名	dàoli	sense, reason	36
地	助	de	an auxiliary particle used after an adjective or a phrase to form an adverbial adjunct before the verb	39
的确	副	díquè	indeed	36
地	名	dì	floor	32
电视剧	名	diànshìjù	TV play	38
叮咚	拟声	dīngdōng	tinkle (an onomatopoeia)	33
顶	量	dǐng	a measure word for something that has a top	31
冬天	名	dōngtiān	winter	34
懂	动	dǒng	to understand	35
读书		dú shū	to study	36

F

放	动	fàng	to put, to place	32
风	名	fēng	wind	34
风景	名	fēngjǐng	scenery	34
父母	名	fùmǔ	parents	35
复习	动	fùxí	to review	35

G

该	助动	gāi	should	40
干净	形	gānjìng	clean	32
赶紧	副	gǎnjǐn	immediately, at once	37

赶快	副	gǎnkuài	quickly, at once	33
感觉	名	gǎnjué	feeling	34
干	动	gàn	to do, to act, to work	32
干活儿		gàn huór	to work	32
高峰	名	gāofēng	rush hour	33
搞	动	gǎo	to make	40
歌词	名	gēcí	lyrics, words of a song	36
格外	副	géwài	particularly	35
根据	介	gēnjù	according to	39
更	副	gèng	more	32
公共汽车		gōnggòng qìchē	bus	37
够	副	gòu	quite, enough	37
估计	动	gūjì	to estimate, to reckon	37
怪不得	副	guàibude	no wonder	40
关系	名	guānxi	importance, influence	38
关心	动	guānxīn	to care for	35
规定	名	guīdìng	rule	39
国家	名	guójiā	country, nation	35

H

哈哈	拟声	hāhā	*an onomatopoeia used to describe laughter*	31
海	名	hǎi	sea	34
好好儿	副	hǎohāor	to try one's best	31
好几	数	hǎojǐ	several	38
好像	副	hǎoxiàng	It seems...	40
合影		hé yǐng	to take a group photo	37
盒	量	hé	*a measure word for boxes*	33
黑	形	hēi	dark	33
黑板	名	hēibǎn	blackboard	32
恨不得	动	hènbude	to be itching to	37
后悔	动	hòuhuǐ	to regret	35
糊涂	形	hútu	muddled	33
滑	动	huá	to slide	34
滑雪		huá xuě	to ski	34
滑雪服	名	huáxuěfú	ski suit	34
换	动	huàn	to change	38
灰色	名	huīsè	grey	31
回	量	huí	*a measure word used to indicate number of occurrence*	31
活儿	名	huór	job, task	32

J

机会	名	jīhui	chance, opportunity	36
集	量	jí	episode (of a TV play)	38

Vocabulary

记录	动	jìlù	to record	39
季节	名	jìjié	season	34
寄	动	jì	to mail	40
加油		jiā yóu	to cheer on	38
家人	名	jiārén	family member	36
简直	副	jiǎnzhí	simply	34
讲解	动	jiǎngjiě	to explain	31
郊区	名	jiāoqū	outskirts	37
叫	动	jiào	to allow, to permit	35
叫	介	jiào	by (*indicating passive voice*)	39
教室	名	jiàoshì	classroom	32
街道	名	jiēdào	street	34
节日	名	jiérì	festival	36
解释	动	jiěshì	to explain	35
紧	形	jǐn	pressed (for time)	31
精彩	形	jīngcǎi	wonderful	38
久	形	jiǔ	long time	40
就要		jiù yào	to be about to	38

K

开玩笑		kāi wánxiào	to joke	34
开心	形	kāixīn	happy	37
开夜车		kāi yèchē	to work at night	35
考	动	kǎo	to test, to take a test	35
棵	量	kē	*a measure word for plants*	31
可惜	形	kěxī	regrettable	36
快乐	形	kuàilè	happy	33

L

垃圾	名	lājī	trash	32
累	形	lèi	tired	32
连	介	lián	even	40
凉	形	liáng	cool	34
晾	动	liàng	to dry in the air	32
聊	动	liáo	to chat	31
路上	名	lùshang	on the road	34
旅游	动	lǚyóu	to travel	36
乱	形	luàn	disorderly	32
乱	副	luàn	disorderly, at random	39
落	动	luò	to fall	37

M

| 抹布 | 名 | mābù | cleaning rag | 32 |
| 马路 | 名 | mǎlù | road | 36 |

毛病	名	máobing	problem	37
帽子	名	màozi	hat	31
没事儿		méi shìr	never mind	33
美	形	měi	beautiful	34
门铃	名	ménlíng	doorbell	33
迷路		mí lù	to get lost	33
明信片	名	míngxìnpiàn	postcard	40

N

难道	副	nándào	*used in a rhetorical question for emphasis*	35
难过	形	nánguò	to feel sad	35
能力	名	nénglì	ability	35
嗯	叹	ǹg	*an interjection used to indicate affirmative response*	37
暖	形	nuǎn	warm	34

O

噢	叹	ō	*an interjection used to indicate understanding*	31

P

爬	动	pá	to climb	37
胖	形	pàng	fat	38
片	量	piàn	*a measure word for land, field, waters*	34
骗	动	piàn	to lie, to cheat	38
频道	名	píndào	channel	38

Q

其实	副	qíshí	actually	36
奇怪	形	qíguài	strange	31
瞧	动	qiáo	(*informal*) to look	33
亲人	名	qīnrén	one's family member, kinsfolk	36
清楚	形	qīngchu	clear	40
请客		qǐng kè	to stand treat	38
求	动	qiú	to beg	38
全	形	quán	whole	36

R

让	介	ràng	by (*indicating passive voice*)	39
热闹	形	rènao	lively	37
人们	名	rénmen	people	36
认真	形	rènzhēn	attentive	31
扔	动	rēng	to throw	40

Vocabulary

| 日子 | 名 | rìzi | day | 33 |

S

塞	动	sāi	to fill or squeeze in, to stuff	40
扫	动	sǎo	to sweep	32
沙子	名	shāzi	sand	34
山	名	shān	mountain	34
赏	动	shǎng	to enjoy (the beauty of)	33
上	动	shàng	used after a verb indicating that an aim has been achieved	40
上场		shàng chǎng	to enter the court or field	38
社会	名	shèhuì	society	35
身	量	shēn	suit (*a measure word for clothes*)	34
生气		shēng qì	to be angry	34
圣诞节	名	Shèngdàn Jié	Christmas	36
诗	名	shī	poem	36
十有八九		shí yǒu bā jiǔ	in all probability	39
适合	动	shìhé	to bc appropriate for	37
书架	名	shūjià	bookshelf	32
薯片	名	shǔpiàn	potato chips	38
树	名	shù	tree	31
树叶	名	shùyè	leaf	34
树枝	名	shùzhī	branch	37
水果	名	shuǐguǒ	fruit	33
顺便	副	shùnbiàn	by the way	32
说明	动	shuōmíng	to mean	35
死	形	sǐ	very, extremely	35
随便	形	suíbiàn	doing at one pleases	39
锁	名/动	suǒ	lock; to lock	39

T

台	名	tái	channel	38
趟	量	tàng	a measure word for a round trip or for bus or train service	37
特意	副	tèyì	for a special purpose	31
题	名	tí	question	35
天气	名	tiānqì	weather	34
贴	动	tiē	to paste	40
停放	动	tíngfàng	to park	39
通常	形	tōngcháng	usually	37
同	介	tóng	together with	36
同意	动	tóngyì	to agree	38
偷	动	tōu	to steal	39

头发	名	tóufa	hair	31
投中	动	tóuzhòng	to make a goal	38
团圆	动	tuányuán	to reunite	33
退	动	tuì	to send back	40
拖把	名	tuōbǎ	mop	32
拖地		tuō dì	to mop the floor	32

W

外国	名	wàiguó	foreign country	38
完	动	wán	to be over	35
晚餐	名	wǎncān	dinner, supper	36
晚饭	名	wǎnfàn	dinner, supper	38
忘记	动	wàngjì	to forget	40
危险	形	wēixiǎn	dangerous	34
为了	介	wèile	for	36
胃口	名	wèikǒu	appetite	35
屋	名	wū	room	33

X

夏天	名	xiàtiān	summer	34
想念	动	xiǎngniàn	to feel sad because you can no longer see somebody or something that you like	36
相机	名	xiàngjī	camera	34
小时	名	xiǎoshí	hour	32
小偷	名	xiǎotōu	thief	39
辛苦	形	xīnkǔ	toilsome	32
信	名	xìn	letter	40
信箱	名	xìnxiāng	mailbox	40
兴奋	形	xīngfèn	excited	39
修	动	xiū	to repair	37
学期	名	xuéqī	semester	31
寻物启事		xún wù qǐshì	lost notice	39

Y

眼	量	yǎn	look (*a measure word*)	39
眼睛	名	yǎnjing	eye	35
养成	动	yǎngchéng	to develop (a habit of)	32
样子	名	yàngzi	appearance, look	31
叶子	名	yèzi	leaf	37
一半	数	yíbàn	half	31
以为	动	yǐwéi	to think	31
一言为定		yì yán wéi dìng	it's a deal	38
意思	名	yìsi	meaning	36
银色	名	yínsè	silver	39

Vocabulary

银杏树	名	yínxìngshù	ginkgo	34
应该	助动	yīnggāi	should	35
赢	动	yíng	to win	38
尤其	副	yóuqí	especially	34
邮费	名	yóufèi	postage	40
邮局	名	yóujú	post office	40
邮票	名	yóupiào	stamp	40
邮资	名	yóuzī	postage	40
有趣	形	yǒuqù	interesting	36
月（月亮）	名	yuè (yuèliang)	moon	33
月饼	名	yuèbing	mooncake	33
运动服	名	yùndòngfú	sportswear	31

Z

在乎	动	zàihu	to care about	35
脏	形	zāng	dirty	32
站	动	zhàn	to stand	38
涨	动	zhǎng	to rise	40
找	动	zhǎo	to look for	40
照	动	zhào	to take (a photo)	34
照片	名	zhàopiàn	photo	34
照相		zhào xiàng	to take a photo	37
真是	动	zhēnshi	(used in a complaint) indeed, really	40
整理	动	zhěnglǐ	to tidy up	32
整齐	形	zhěngqí	tidy	32
直播	动	zhíbō	to telecast live	38
只是	副	zhǐshì	just	33
中秋节	名	Zhōngqiū Jié	Mid-Autumn Festival	33
重视	动	zhòngshì	to attach importance to	35
周围	名	zhōuwéi	surrounding	39
主要	形	zhǔyào	main	35
专门	副	zhuānmén	specially	39
准	动	zhǔn	to permit	39
桌椅		zhuō yǐ	desks and chairs	32
仔细	形	zǐxì	careful	31
自然	名	zìrán	nature	31
总（是）	副	zǒng (shì)	always	36
最后	名	zuìhòu	at last	38
左边	名	zuǒbian	left (side)	40
作业	名	zuòyè	homework	38

专有名词
Proper Nouns

J
捷安特	Jié'āntè	Giant, a brand name of bikes	39

X
香山	Xiāng Shān	Fragrant Hill	37

Z
自然博物馆	Zìrán Bówùguǎn	Museum of Natural History	31

Vocabulary

补充生词
Supplementary New Words

A
AA制		AA zhì	to go Dutch	36
安全	形	ānquán	safe	40

B
包裹	名	bāoguǒ	parcel	40
被子	名	bèizi	quilt	32

C
采用	动	cǎiyòng	to adopt	36
成功	动	chénggōng	to succeed	38
出发	动	chūfā	to begin a journey	36
春节	名	Chūn Jié	Spring Festival	33

D
打赌		dǎ dǔ	to bet	38
灯	名	dēng	lamp	38
电梯	名	diàntī	lift, elevator	40
端午节	名	Duānwǔ Jié	Dragon Boat Festival	33

E
儿童节	名	Értóng Jié	Children's Day	33

F
辅导	动	fǔdǎo	to coach	39
妇女节	名	Fùnǚ Jié	Women's Day	33

G
工艺品	名	gōngyìpǐn	handicraft product	32
公斤	名	gōngjīn	kilogram	33
刮风		guā fēng	(of wind) to blow	37
冠军	名	guànjūn	champion	38
逛	动	guàng	to stroll	33
国庆节	名	Guóqìng Jié	National Day	30

H
话剧	名	huàjù	modern drama	35
火锅	名	huǒguō	chafing dish	38

J
家长会	名	jiāzhǎnghuì	parents' meeting	35

坚持	动	jiānchí	to stick to	36
检查	动	jiǎnchá	to check	31
健壮	形	jiànzhuàng	strong	33
将来	名	jiānglái	future	31
决赛	名	juésài	the last of a series of games in which the winner is decided	38

L

来历	名	láilì	origin	31
劳动节	名	Láodòng Jié	the Labor Day	33
厘米	名	límǐ	centimeter	33
楼梯	名	lóutī	stair	40

N

腻	形	nì	to be bored with	36
弄	动	nòng	to do, to make	32

P

票	名	piào	ticket	40

Q

青年节	名	Qīngnián Jié	Youth Day	33
清明节	名	Qīngmíng Jié	Tomb-Sweeping Day	33
情况	名	qíngkuàng	situation	36
晴	形	qíng	sunny	37

S

手表	名	shǒubiǎo	wrist watch	31
输	动	shū	to lose	38
熟悉	动	shúxi	to know something or somebody well	32
摔伤	动	shuāishāng	to fall and get injured	40
双胞胎	名	shuāngbāotāi	twins	33
水平	名	shuǐpíng	level	38

T

糖醋里脊		táng cù lǐji	sweet and sour fillet	40
讨厌	动	tǎoyàn	to hate, to dislike	40

W

武术	名	wǔshù	martial arts	38

X

下雪		xià xuě	to snow	37
下雨		xià yǔ	to rain	37
项链	名	xiàngliàn	necklace	31

Supplementary New Words

小说	名	xiǎoshuō	novel, fiction	31
行李	名	xíngli	luggage	38
选手	名	xuǎnshǒu	(selected) player, athlete selected for sports meet	38

Y

眼镜	名	yǎnjìng	glasses, spectacles	31
阴	形	yīn	overcast	37
元旦	名	Yuándàn	New Year's Day	33
元宵节	名	Yuánxiāo Jié	Lantern Festival	33

Z

招手		zhāo shǒu	to move one's hand or arm from side to side as a greeting, etc.	39
值得	动	zhíde	to be worth	40
终于	副	zhōngyú	finally	31
重	形	zhòng	heavy	33

补充阅读生词
New Words in Supplementary Reading

A
安慰	动	ānwèi	to console	31

B
搬家		bān jiā	to move house	35
搬运	动	bānyùn	to carry	40
伴着	动	bànzhe	to accompany	36
报名		bào míng	to sign up	35
背包	名	bēibāo	backpack	39
比如	动	bǐrú	for example	40
表格	名	biǎogé	form, table	32
并	连	bìng	used before a negative for emphasis	32
补习	动	bǔxí	to take lessons after school	35
不知不觉		bù zhī bù jué	unconsciously	32

C
城	名	chéng	city	34
崇拜	动	chóngbài	to admire	32
传送带	名	chuánsòngdài	conveyor belt	39
传统	形	chuántǒng	traditional	33
次		cì	second, next	33
匆匆忙忙	形	cōngcōngmángmáng	hurried	40

D
答案	名	dá'àn	answer	32
大道	名	dàdào	avenue	34
到处	副	dàochù	everywhere	34
道	量	dào	a measure word for an order, question, etc.	32
得到	动	dédào	to obtain, to get	32
等	助	děng	etc., and so on	35
懂事	形	dǒngshì	sensible	31

F
发球		fā qiú	to serve a ball	38
发现	动	fāxiàn	to find	39
分不出		fēn bu chū	cannot tell...from	38
符号	名	fúhào	symbol, notation	32
抚摸	动	fǔmō	to touch	36

G
改变	动	gǎibiàn	to change	32

感激	动	gǎnjī	to feel grateful	39
各种各样		gè zhǒng gè yàng	all kinds of	37
观赏	动	guānshǎng	to enjoy the sight of	37
广告	名	guǎnggào	advertisement	32

H

喊	动	hǎn	to shout	38
好评	名	hǎopíng	favorable comment	31
花钱		huā qián	to spend money	35
环境	名	huánjìng	environment	35
婚纱	名	hūnshā	wedding dress	34
货车	名	huòchē	wagon	40
获得	动	huòdé	to gain	31

J

机场	名	jīchǎng	airport	39
记录	动	jìlù	to record	34
记性	名	jìxing	memory	40
家务活儿	名	jiāwùhuór	housework	40
家乡	名	jiāxiāng	hometown	36
叫做	动	jiàozuò	to be called	33
教练	名	jiàoliàn	coach	31
教育	名	jiàoyù	education	35
接住	动	jiēzhù	to catch	38
节日	名	jiérì	festival	33
借钱		jiè qián	to borrow money	35
金黄	形	jīnhuáng	golden	34
金钱	名	jīnqián	money	35
仅	副	jǐn	only	33
惊讶	形	jīngyà	surprised	40
精力	名	jīnglì	energy	35
景色	名	jǐngsè	scenery	34
局	量	jú	innings	38
决定	动	juédìng	to decide	38

K

| 可惜 | 形 | kěxī | regrettable | 31 |
| 裤兜 | 名 | kùdōu | trouser pocket | 39 |

L

拉拉队	名	lālāduì	cheering squad	38
泪水	名	lèishuǐ	tear, teardrop	36
离开	动	líkāi	to leave	39
俩	数量	liǎ	two	32
脸	名	liǎn	face	32
流	动	liú	to flow	36
柳	名	liǔ	willow	36
落叶	名	luòyè	fallen leaves	34

M

美满	形	měimǎn	very satisfactory	33
门票	名	ménpiào	admission ticket	37
名牌	名	míngpái	brand name	35
摸	动	mō	to grope	39

N

哪怕	连	nǎpà	even if	36
难过	形	nánguò	to feel sad	31

P

拍照		pāi zhào	to take a photo	34
平安	形	píng'ān	safe and sound	33

Q

秋季	名	qiūjì	autumn	33
秋游	动	qiūyóu	to go on an outing in autumn	37
球拍	名	qiúpāi	racket, bat	38
缺	动	quē	to be short of	31

S

塞	动	sāi	to fill in, to stuff up	39
散步		sàn bù	to take a walk	34
上旬	名	shàngxún	the first ten days of a month	37
伸	动	shēn	to stretch	39
神秘	形	shénmì	mysterious	40
甚至	连	shènzhì	even	35
胜负	名	shèngfù	victory or defeat	38
省吃俭用		shěng chī jiǎn yòng	to pinch and scrape	35
实在	副	shízài	really	38
输掉	动	shūdiào	to lose	31
属于	动	shǔyú	to belong to	31
思维	名	sīwéi	thinking	32

T

谈论	动	tánlùn	to talk about	31
题	名	tí	question	32
甜蜜	形	tiánmì	sweet	33
填写	动	tiánxiě	to fill in	32
投入	动	tóurù	to put into	35

W

玩耍	动	wánshuǎ	to play	34
网址	名	wǎngzhǐ	website	32
微笑	动	wēixiào	to smile	36
位于	动	wèiyú	to be situated	37
位置	名	wèizhì	position	31
温差	名	wēnchā	temperature difference	37

New Words in Supplementary Reading

温暖	形	wēnnuǎn	warm	40
无论……, 还是……, 都……		wúlùn……, háishi……, dōu……	no matter…or…, both…and…	31
无私者	名	wúsīzhě	selfless person	31

X

下旬	名	xiàxún	the last ten days of a month	37
先后	副	xiānhòu	one after another	38
象征	动	xiàngzhēng	to symbolize	33
校园	名	xiàoyuán	campus	32
笑脸	名	xiàoliǎn	smiling face	34
新人	名	xīnrén	newly-wed	34

Y

遥远	形	yáoyuǎn	faraway	36
夜深人静		yè shēn rén jìng	in the dead of night	36
夜晚	名	yèwǎn	night	33
一致	形	yízhì	unanimous	32
有利于		yǒulì yú	to be beneficial to	37
娱乐	动/名	yúlè	to entertain; entertainment	35

Z

长大	动	zhǎngdà	to grow up	31
至于	介	zhìyú	as for, as to	31
中后卫	名	zhōng-hòuwèi	centre back	31
种满	动	zhòngmǎn	to be (fully) planted with	34
周围	名	zhōuwéi	around, about	32
著名	形	zhùmíng	famous	34
专心	形	zhuānxīn	to concentrate on	31
组	名	zǔ	group, team	38

专有名词
Proper Nouns

D

钓鱼台国宾馆   Diàoyútái Guóbīnguǎn   Diaoyutai State Guesthouse   34

X

西山   Xī Shān   Western Hills   37

New Words in Supplementary Reading

录音文本
Listening Scripts

第三十一课　这次我想再仔细看一遍

五　听一听，选一选

❶ 男：雨下得真大啊！看样子他不会来学校了。
　　女：那我们先上课吧。
　　问：从对话里我们可以知道什么？

❷ 女：我明天一定要去公司吗？
　　男：明天没什么大事，你来不来不要紧。
　　问：男的是什么意思？

❸ 女：杰克的武术学得怎么样啊？
　　男：他呀，没的说，是学生里学得最棒的。
　　问：男的是什么意思？

❹ 男：李玉，周末的时候你能再陪我去一次动物园吗？
　　女：你别再给我出难题了。
　　问：女的是什么意思？

❺ 男：小李，你说这回他找的工作是不是又不行了？
　　女：那也不见得。
　　问：女的是什么意思？

第三十二课　我们都打扫了两个小时了

六　听一听，选一选

❶ 男：你是法国人，能给我们介绍一下法国有什么好玩儿的地方吗？

女：法国好玩儿的地方有的是，要看你喜欢什么。

问：从对话里我们可以知道什么？

❷ 女：你可真有两下子，这么难的问题你一下就会了。

男：我不但自己会了，而且还可以教你呢。

问：女的觉得男的怎么样？

❸ 女：听说你和王刚在一个班，你们熟不熟啊？

男：虽然我们在一个班上课，但是我们很少打交道。

问：男的是什么意思？

❹ 男：你再不走就要迟到了。

女：我才不在乎呢。

问：女的是什么意思？

❺ 男：你说话得注意点儿，要不他会不高兴的。

女：我巴不得他不高兴呢！

问：女的是什么意思？

第三十三课　我们只比你早一点儿

八　听一听，选一选

❶ 男：对不起，我来晚了。

女：没事儿，我正好有点儿事。

问：男的来晚了，女的是什么态度？

❷ 男：你看，我的房间布置得怎么样？

女：不怎么样，东西太多了。

问：女的是什么意思？

❸ 男：昨天去哪儿了？

女：我本来想出去玩儿，但是有点儿不舒服，不得不在家休息。

问：女的是什么意思？

❹ 男：你的朋友昨天什么时候来的？

女：你走了不一会儿他就来了。

问：女的是什么意思？

❺ 男：你怎么才来？

女：别提了，刚出门车就坏了。

问：女的是什么意思？

第三十四课 天气一天比一天冷

八 听一听，选一选

❶ 男：我们一起去张阿姨家吧，你可以和她的孩子一起玩儿。

女：才不呢，她太小了。

问：下面哪种说法是错的？

❷ 男：怎么办呀？李明说真的不来了。

女：别着急，他在跟你开玩笑呢。

问：女的是什么意思？

❸ 男：咱们去游泳吧。

女：我困得不行了，得休息一下。

问：女的是什么意思？

❹ 男：这次我又没有考好。

女：没什么大不了的，下次努力。

问：女的是什么意思？

❺ 男：这种树在北京有的是。

女：是吗？我怎么没见过？

问：下面哪种说法是对的？

第三十五课　我的成绩不如玛丽好

八　听一听，选一选

❶ 男：昨天你真应该和我们一起去，可有意思了！

女：是吗？要是有后悔药吃就好了。

问：女的是什么意思？

❷ 男：你怎么了？

女：我也不知道，特别没胃口。

问：女的怎么了？

❸ 男：昨天晚上你又开夜车了吧？

女：你怎么知道的？

男：看你眼睛都熬红了。

问：下面哪种说法是错的？

❹ 男：昨天你那么晚回家，你妈妈说什么了吗？

女：她没说我，只是让我早点儿休息。

问：下面哪种说法是正确的？

❺ 男：你最近去看王老师了吗？

女：我在准备考试，哪有时间哪？

问：女的是什么意思？

第三十六课　你是第一次来中国吗

六　听一听，选一选

❶ 男：最近怎么没看见你妈妈啊？

女：我妈妈心脏出毛病了，住了一个多月医院了，还没出院呢。

问：女的的妈妈怎么了？

❷ 男：我要买个鱼缸，养几条好看的鱼。

女：买什么鱼缸？家里哪有地方？

问：女的是什么意思？

❸ 女：都麻烦你一下午了，我也该回家了。

男：在这儿吃晚饭吧，我给你露一手。

问：男的是什么意思？

❹ 男：我觉得这次考试王刚还得考砸，你觉得呢？

女：我看不见得。

问：女的是什么意思？

❺ 女：你和李杰不能好好儿相处吗？

男：我很想和他做好朋友，可是这比登天还难。

问：男的是什么意思？

第三十七课　树上的叶子都红了

八　听一听，选一选

① 男：怎么了？又出毛病了？
女：可不是，我得赶快去修修这车。
问：女的怎么了？

② 男：明天你可一定得来呀！
女：好吧，我抽空儿一定去。
问：女的是什么意思？

③ 男：我真恨不得明天就考试。
女：为什么呀？我可不想。
问：男的是什么意思？

④ 男：你怎么才来呀？
女：我不认识路，坐错车了，又倒了一趟车才找到这儿。
问：女的至少坐了几趟车？

⑤ 男：对不起，我得走了，你多坐一会儿。
女：你可真够忙的，要注意休息呀！
问：女的是什么意思？

第三十八课　今天的比赛一定精彩得很

六　听一听，选一选

① 男：金美英，作业太难了，你帮帮我好吗？
女：你应该自己动脑筋，不要总是问别人。

问：女的是什么意思？

❷ 男：这件事我还是去找李刚帮忙吧，他答应过会帮我。

女：他那个人靠不住，找了也没用。

问：女的觉得李刚怎么样？

❸ 女：朴龙宇，机票买好了吗？什么时候回国呀？

男：买好了，明天下午的飞机，不过心里真有点儿舍不得。

问：男的是什么意思？

❹ 男：王刚呢？他刚才不是还在教室吗？

女：他刚下去，要帮丁老师把楼下车里的书拿上来。

问：王刚现在在哪儿？

❺ 女：杰克，听说你最近学武术了，学得怎么样啊？

男：别提了，老师倒是不错，可是我怎么都学不会。

问：男的是什么意思？

第三十九课　我的自行车被偷走了

八　听一听，选一选

❶ 男：你看那个女孩儿，听说她是咱们班老师的女儿。

女：是吗？一点儿都不像，我觉得十有八九不是。

问：女的是什么意思？

❷ 男：你怎么了？

女：真倒霉，我的书又丢家里了。

问：女的觉得怎么样？

❸ 男：谁知道我的笔记本在哪儿？

女：你的笔记本，谁知道呀！

问：女的是什么意思？

❹ 男：你看见我的书了吗？

女：你呀，东西总是乱放，找不着了吧？

问：男的为什么找不着书了？

❺ 男：我的包被谁拿走了？

女：是被我朋友给拿走的。

问：谁拿走了男的的包？

第四十课　信给退回来了

六　听一听，选一选

❶ 男：这几天没看见朴龙宇玩儿游戏啊，他以后是不是不玩儿了？

女：不玩儿了？他如果不玩儿游戏了，那真是太阳从西边出来了。

问：女的是什么意思？

❷ 男：你儿子今年就要大学毕业了，工作找得怎么样了？

女：你一提这件事我就伤脑筋。

问：女的是什么意思？

❸ 女：你家李明这么聪明，学习一定很好吧？

男：那可不，好得不能再好了。

问：李明学习怎么样？

❹ 男：这件衣服多便宜啊，你不买一件？

女：我相信"便宜没好货，好货不便宜"。

问：女的是什么意思？

❺ 女：你们家小玉学习怎么样啊？

男：她三天两头不上课，你说能好吗？

问：男的是什么意思？

后 记

　　《成长汉语》是北京潞河中学从2004年开始策划,由本校教师编写,供本校外籍学生及同类课程使用的汉语教材,原名为《潞河阶梯汉语》。2007年初,承蒙北京语言大学出版社的鼎力支持,得以正式出版,并更名为《成长汉语》。为了更好地适应世界各地中学生学习汉语的要求,我们在原教材的基础上由本校汉语国际推广教研室的教师进行了全面的修订。在本书的编辑过程中,陈昱、姜洪志老师承担了主要的编写工作,马艺榕、阎文竹、傅强、郑明喆等老师分别承担了具体的编写任务。本校语文教研室和英语教研室的老师也从不同的角度对本书提出了十分宝贵的意见,其他许多老师也为本书的出版付出了辛勤的劳动,我们在此一并表示感谢。

　　北京语言大学出版社戚德祥先生、张健女士在本书的出版过程中给予了大力的支持;北京语言大学出版社汉语教材总编审刘珣先生在本书的修订编辑过程中多次通读教材,并就具体的修改内容给予了耐心的指导,提出了许多宝贵的意见,使编写者受益匪浅,也使本书增色不少,对此我们表示由衷的谢意!此外,北京语言大学出版社的王飙先生直接参与了本书的审订工作,苗强先生为本书的出版承担了联络、沟通工作,郑炜先生和周鹂女士承担了具体的编辑工作,在此也一并表示衷心的感谢!

《成长汉语》编写组